権利について理解すれば、私たちは、
自分の権利のために立ち上がること
ができます。この本は、世界が自由で、
平等で、すべての人にとってよりよ
くなると信じている、若い人たちみ
んなのガイドブックです。

マララ・ユスフザイ

子どもたちは未来です。この本は、
世界を大切に思い、変化を起こした
いと思う若い人たちにぴったりです。

グレタ・トゥーンベリ

あなたの権利を知って使おう

子どもの権利ガイド

著

アムネスティ・インターナショナル
アンジェリーナ・ジョリー
ジェラルディーン・ヴァン＝ビューレン

訳

上田 勢子

子どもの未来社

Know Your Rights and Claim Them
by Amnesty International, Angelina Jolie, Geraldine Van Bueren
Copyright © Amnesty International Limited, 2021
Introduction copyright © Angelina Jolie, 2021

Japanese translation rights arranged with
Andersen Press Ltd., London
through Tuttle-Mori Agency, Inc., Tokyo

　本書には、さまざまな要素がふくまれているので、感情がゆさぶられることがあるかもしれません。一段階ずつあなたに合ったペースで読み、次へ進む前に考えたり、ほかの人と話し合ったり、あなたに必要なところから読んだりしてもよいでしょう。そして、この本を読んで、何か行動を起こしたいと思ったら、まず、それがあなたにとって安全かどうかを調べてからにしてください。

・本文中に太字で示された言葉は、巻末（p.255〜）の語句説明でくわしく説明しています。

・「＊」のマークがついている文は、子どもの未来社編集部による原書にはない補足です。

2

5　序文　アンジェリーナ・ジョリー

1章　子どもの権利を知ろう

10　あなたの権利

13　子どもってだれのこと？

15　子どもの権利の歴史について

24　国連子どもの権利条約

29　国連子どもの権利条約の基本原則

32　子どもの権利は、あなたの権利です

34　子どもの権利条約の選択議定書

2章　子どもの権利を理解しよう

38　子どもの権利の現状

39　生きる権利、尊重される権利、健康でいる権利

53　平等の権利、差別を受けない権利

71　参加する権利

76　名前、国籍をもつ権利

82　安全な場所で暮らす権利

88　危害から守られる権利

96　身体について自分で決める権利

109　武力紛争から守られる権利

121　刑事司法と自由について

131　プライバシーが守られる権利

138　マイノリティと先住民族の権利

148 教育を受ける権利

157 遊ぶ権利

163 自由な考えをもつ権利

170 意見を表し、平和的な抗議をする権利

3章　子どもの権利を主張しよう

180 はじめの一歩

181 身の安全をチェックしよう

182 身体的虐待・性的虐待を受けていたら

186 自分の状況を理解しよう

189 自分の住む地域に変化を起こそう

192 役立つスキルを身につけよう

198 活動家になろう

200 活動のための準備・方法・アイデア

234 デジタル・セキュリティについて

238 法律案内

248 メンタルヘルスを大切にしよう

4章　役立つ情報

254 情報と資料

255 語句説明

266 役立つ団体

269 出典

270 謝辞　この本がどのようにしてつくられたか

序文
アンジェリーナ・ジョリー

これが真実だと知っていますか

子どもや若者は、大人と平等の権利をもつべきだ。

大人になってから？ 独立してから？ 仕事についてから？ いいえ、今です。

あなたがだれであっても、どこに住んでいても、人種や民族、宗教、ジェンダー、金持ちか貧乏かにかかわらず、あなたの命は、地球上のどんな大人や子どもや若者とも平等の価値があります。

だれも、あなたを傷つけたり、だまらせたり、あなたに考えや信仰を押しつけたり、社会参加をさまたげたり、あなたを取るに足りない存在のようなあつかいをしたりする権利はありません。だれも、あなたが自分の権利を知ろうとすることを否定する権利もないのです。

これは、私個人だけの意見ではありません。国連子ども
の権利条約──**法的拘束力**をもつ国際的な取り決め──に
書かれています。この条約には196か国が署名していて、
あなたの権利は法で守られているのです。

もし、すべての国の政府が約束を守り、すべての大人が
子どもの権利を尊重するなら、この本は必要ありません。
でも残念なことに、子どもの権利の原則と現状には大きな
へだたりがあります。

現実には、この本をあなたに読んでほしくないという大
人もいるでしょう。子どもの権利があなたやあなたの国で
適用されない理由を、あれこれ考え出して主張するかもし
れません。そんなとき、この本は、あなたの権利や他者の
権利を守るための知識をあたえてくれるでしょう。

この本には、子どもの権利条約が、子どもたちの安全と
一人ひとりの成長を考えてつくられたものであることも説
明されています。
子どもであるあなたの権利がどのように守られるのか、
そして権利が守られず無視されている現状についても書か
れています。
あなたが、活動家としてどんなスキルを身につければよ

いか、平和的にあなたの権利をどのように主張したらよい
か——安全に——、さらに、インターネットの危険にどう
対処すればよいのかについても。

　また、若い人たちが自分たちの権利を主張し、政府や地
域社会が、子どもへの接し方を変えるのに成功した例も紹
介されています。それらの例は、行動がどれほど小さくて
も、変化は起こせることを明らかにしています。若い人た
ちが力を合わせれば、あなたたちの力と存在を、だれも無
視できないでしょう。

　あなたの権利を、だれが、あるいは何がさまたげている
のか、そしてあなたがどんな行動を取れるのか、この本が、
それらを知る手助けになるでしょう。
　あなたが自分の権利を知り、それを使うきっかけをつか
んでくれることを願っています。

　　　　アンジェリーナ・ジョリー　2020年10月

1章

子どもの
権利を
知ろう

暗闇を呪うより、
１本のロウソクを
ともそう

中国の格言でアムネスティ・インターナショナルのモットー

＊「アムネスティ」は、1961年に発足した世界最大の国際人権NGO団体。
政治的・宗教的に中立の立場から、国連や各国政府に、国際法・基準に
もとづいて人権を尊重する対策を働きかけている。ロゴマークの有刺鉄
線は「自由をうばわれた人びと」、ロウソクは暗闇を照らす「希望」を
表している。「どんなに解決が困難に思える人権侵害を目の前にしても、
私たち一人ひとりが希望をいだき、行動し続ければ、状況を打ち破るこ
とができる」というメッセージがこめられている。

あなたの権利

　あなたが18歳未満なら、**子どもの権利**をもっています。子どもの権利とは、18歳未満の人のための権利で、あなたが生まれたときから、「**成人年齢**」に達するまで使えるものです。ほとんどの国では18歳が成人年齢とされています。

　子どもの権利は、あなたの大切な自由と安全が守られるためのものです。あなたを守り、成長を助け、あなたの声を届けるためにあります。この権利は国際人権条約のひと

つ（子どもの権利条約）に定められていて、あなたもひとりの人としてもっているのです。

　子どもの権利は、どこに住んでいようと、すべての子どもにとってのいちばんよいことを目指しています。

　ジェンダー、セクシュアリティ、性自認、人種、民族、はだの色、信仰、文化がちがっても、だれにも等しい権利があります。貧富の差、障害の有無、**脳や神経の多様性**のある人や**脳や神経の定型的発達**の人でも、家族と住んでいても、里親と住んでいても、路上や難民キャンプに住んでいたとしても、権利は平等にあります。子どもの権利は、だれかより多いとか少ないとかということはありません。

　権利は**不可侵**です。これは、だれもあなたから権利をうばうことはできないという意味です。でも、権利を否定しようとする力はあり、注意が必要なのは、それにあなたが直面するかもしれないことです。

　あなたの権利は法律で守られていますが、防御も必要です。子どもの権利など少ないほうが都合が良いと考える人たちや、権利の違反や侵害をしようとする人もいるでしょう。そんなとき、政府やしかるべき機関があなたを助けなくてはなりませんが、かならずしもそうするとはかぎらないのです。

11

> 違反と侵害：国や政府が権利に「違反」することもあれば、個人や企業が権利を「侵害」することもある。

人権は「危険だ」、「政治的だ」、「子どもは知るべきでない」、「外国のまねだ」などと言う人がいるかもしれませんが、これは全部デタラメです。権利は役に立ちますし、政治や信条から影響を受けません。あなたの権利が危険なのは、それが尊重されない場合です。

あなたは権利をもっていて、自分やほかの人びとのために活動することができます。そのためにも権利について知る必要があります。他者のために立ち上がることを**連帯**と言います。連帯とは、自分の価値観や人間性をほかの人たちと共有すること、ちがいがあってもつながり合い、支え合うことです。

この本は、あなたが自分の権利を知り、理解し、使うためのガイドブックです。

子どもってだれのこと？

人は、法律によって「成人年齢」に達するまでは、子どもと見なされます。成人年齢に達すると、大人としての責任があるとされ、地域社会だけでなく、多くの場合、国の選挙で投票できるようになります。また、結婚したり、運転免許証を取ったり、働いたりできるようになります。

ほとんどの国では18歳が成人年齢で、**国連子どもの権利委員会**もそう推奨しています（委員会についてはp.26にくわしい）。

オーストリアやブラジルのように、16歳になれば国政選挙で投票でき、発言力を高められる国もあります。その場合でも、法的には子どもとして、子どもの権利をもち、守られます。

しかし、イランでは男子は太陰暦（＊月のめぐりをもとにした暦のこと）で15歳、女子は9歳になると成人年齢に達するとされています。イランの法律では、子どもとして守られる年数が長くありません。たとえば9歳の少女でも強制的に結婚させられる（児童婚 p.101）をさせられることがあります。これらの多くは、その国の文化的な規範によって決められていて、個人にとってはメリットにもデメリットにもなります。一方、それが権力をもつ者にとってどんな利益になるのかを考えてみることも大事です。

あなたはもうすぐ成人年齢に達するかもしれません。それでも法律から見れば、あなたには子どもとしての権利があります。そして成人になれば、子どもの権利から大人の人権へと移行されるのです。

世界には、全人口の30%近くにあたる23億人の子どもがいます。あなたの権利を役立てましょう。権利について知り、それを使いましょう。

弾圧とは、支配的な集団が特権を保つためのシステムで、社会のさまざまなレベルで行われる。個人的なレベルでは、階級や人種やジェンダーについて特定の考えをもつ人が、その考えをはっきり口に出さずとも、意見や行動として表し、暗に従わせる。

対人関係のレベルでは、自分の信念によって、他者を劣っているかのようにあつかう。制度的なレベルでは、文書化されていてもいなくても、規則や方針によって人びとを排除したり、歓迎されていないと感じさせたりする。

文化的なレベルでは、抑圧的な思想がメディアや書籍や政府発表などによって、日常的に広く発信される。これらによって、人びとが深く考えずに弾圧を受け入れてしまえば、社会は悪循環におちいる。

子どもの権利の歴史について

　人権とは、世界で受け入れられている倫理観、平等、尊厳、正義などに根ざした法です。人としてどうあつかわれたいかを示すものです。人権は、弾圧や虐待から守ってくれる規則で、ほとんどの信仰や文化的伝統の道徳的な教えをもとにしています。

　子どもの権利は、子どもや若者をさらに保護してくれます。子どもの権利は、主に1989年につくられた国連子どもの権利条約にもとづいています（それだけではありませんが）。

子ども（と多くの大人たち）に
権利がなかった時代

　すべての人権は、苦労して得たものです。人びとは何百年もの間、そのために闘い、命を落としてきました。

　紀元前539年に、古代ペルシア（＊現在のイラン）の初代キュロス大王が布告した人権憲章が、歴史上もっとも古いものだと考えられています。王は奴隷を解放するように命じ、すべての人には信仰を選ぶ権利があり、どんな人種の人も平等だと宣言したのです。

15

キュロス大王の制令は、焼きねんどの円筒にアッカド語の楔形文字で刻印されています。「キュロスの円筒」と呼ばれ、現在は大英博物館（＊イギリス）に展示されています。

　人権という考え方はインドやギリシアで急速に広がり、古代ローマにも伝わりました。その後は、イギリスの憲法の土台となったマグナカルタ（大憲章、1215年）のような文書が増えていきました。それは多くの一般の人びとには適用されませんでしたが、のちの人権の法律の土台となりました。

　歴史を見ると、多くの子どもや大人に長いこと権利がなかったことがわかります。多くの家庭がとても貧しく、子

どもも食べもののためにお金をかせぐ必要がありました。

　3歳から畑や家の手伝いを始め、その後は工場で働く子どもも大勢いました。子どもたちはおなかをすかせて疲れきり、教育も受けられず、栄養失調で成長をさまたげられていました。教育や遊びの不足も、子どもたちのすこやかな成長をさまたげます。

　18世紀に入って、各国の活動家が子どもの権利をかかげ、劣悪な児童労働に反対する運動を起こしました。国や自治体には弱い子どもたちを守る義務があり、子どもには教育を受ける権利があると主張したのです。

　こうして、新しい法律が生まれました。1833年に制定されたイギリスの工場法は、9歳以下の子どもが工場で働くのを禁じました。1881年のインドの工場法では、7歳未満の子どもをやとうことを禁止しました。

　少しずつ、世界で子どもに対する考え方が変化し、活動家たちは教育を受ける権利を強く主張し続けました。教育が子どもの可能性を開花させると知っていたからです。

　アメリカでは1870年までにすべての子どもが初等教育を無償で受けられるようになり、2年後には日本も、19世紀の終わりまでには、多くの先進国と呼ばれる国の子どもたちが無償で初等教育を受けられるようになったのです。

人権への関心の高まり

　20世紀初め1914年に起きた第一次世界大戦では、30か国以上の1,600万人もが命を落としました。終戦直後には、インフルエンザ（＊スペイン風邪）が世界で猛威をふるい、5,000万人が亡くなりました。その結果、大変な数の子どもが孤児になったのです。

> 「すべての戦争は、正義・不正義、悲惨な敗北・勝利に関係なく、子どもに対して行われるのだ。」

（1919年、エグランタイ・ジェブ）

　活動家たちは、子どもの福祉に大きな関心を寄せました。そして、1924年に初めての国際的な子どもの権利章典「子どもの人権宣言（ジュネーブ宣言）」が採択されたのです。

　その文案を書いたのが、セーブ・ザ・チルドレン（＊1919年に創設された子ども支援活動を行う非営利の国際組織。日本には1986年に設立された）を創立したエグランタイ・ジェブでした。この宣言の主な目的は、子どもたちに生きることと成長に不可欠なものをあたえることでした。食べもの、医療、教育、清潔な水などの必要な支援です。これはとて

も大きな前進でした。しかしこの宣言ではまだ、子どもたちは自分の意見を伝えることのできない、能力の低い存在と見なされていました。

1939年になると第二次世界大戦が始まりました。1945年までの約6年間に、7,500万人もの人が亡くなりました。この戦争はドイツ、イタリア、日本の枢軸国と、アメリカ、イギリス、ソビエト、フランス、中国などから成る連合軍との戦いでした。

「子どもたちは明日の人間ではない、今日の人間なのだ。子どもたちには真剣に受け止められる権利がある。大人から思いやりと敬意をもって対等にあつかわれる権利がある。かれらは本来あるべき姿、つまり、一人ひとりの中にある未知の人間への成長を許されるべきなのだ。それが、われわれの未来への希望なのだから。」

(1927年、ヤヌシュ・コルチャック——教育者で子どもの権利の活動家。自分の命をかえりみず、ユダヤ人孤児たちと共にトレブリンカ絶滅収容所へ向かい、亡くなった)

何百万人もの人が**ホロコースト**によって殺害されました。ホロコーストは、ドイツのナチ党とヨーロッパ諸国のナチスの協力者によって行われた**ジェノサイド**のことで、ある集団の存在を消し去るために計画的に行われました。ホロコーストが行われている間に、ヨーロッパ全土で600万人ものユダヤ人が殺害され、そこには150万人の子どももふくまれていました。障害のある人、同性愛者、ロマ（ジプシー）、ナチ党の政治に反対した人（主に共産主義者、労働組合員、社会民主主義者たち）、ナチ党の政治思想と相容れない信仰をもつ人も殺されました。

> ユダヤ人の少女アンネ・フランクは、オランダがナチスの占領下にあった1942年、家族と共に身を隠した。しかし、2年後にナチスに見つかって捕らえられ、ベルゲン・ベルゼン**強制収容所**の非人道的な環境の中で1945年に亡くなった。アンネが自分の考えや体験をつづった日記は世界中で読まれるようになり、**反ユダヤ主義**のような差別の危険性をより広く伝える助けとなった。彼女はこう書いている。
> 「世界をよくすることを、だれもがすぐ始められるのです。それはなんとすばらしいことでしょう！」

　第二次世界大戦では、枢軸国軍と連合軍の双方によるはげしい空爆によって、多くの一般市民も亡くなりました。連合軍の空爆によって41万人のドイツ市民が命を落とし、ベルリンからハンブルグまでの都市が破壊されました。一方、ドイツ軍による空爆（ブリッツ）で、1940～1941年

のわずか8か月間で4万人のイギリス人（そのうち5,000人以上が子ども）が殺されています。

ドイツが1945年5月に降伏した後も、アジアでは戦争が続き、8月にアメリカ軍は日本の広島と長崎に原子爆弾を投下しました。何千人もの子どもをふくむ、少なくとも21万4,000人が亡くなりました。その後、日本は降伏して戦争が終わりました。

戦後、国連に集まった世界の指導者たちは「二度と戦争をくり返してはならない」と訴え、残虐行為を防ぐために、地球規模で人権を守ることが初めて同意されまた。

1948年には世界人権宣言（UDHR）が誕生しました。これは本当に急進的なできごとで、すべての人に希望と、生まれてから死ぬまで生涯続く法的な保護が提供され、弾圧と闘う、法的で強力な方法があたえられたのです。

国際連合（国連、UN）は、世界中の国が結集して戦争を防ぎ、社会正義と自由を促進することを目的とした国際機関だ。

世界人権宣言には、膨大な数の人びとが、より大きな自由と安全を得るための先見的な基準が定められています。人権侵害を防ぎ、正義の基準を明確に定めているのです。

しかし、世界には、しばしば人権宣言を無視したり違反したりする政府があります。第1条の「われわれはみな、

子どもの権利を知ろう

21

生まれながらにして自由で平等である」という一文はよく知られていますが、それがすべての人の現実だとは言えません。人権は確固たるものではなく、私たちは人権のために闘い続けなくてはならないのです。

「恐れるより希望をもつほうが、努力しないより努力するほうが、より賢いことはまちがいありません。ひとつだけ確かなことがあります。『できない』と言う人には、何も成しとげられないということ。」

(1960年、エレノア・ルーズベルト。国連人権委員会議長で、世界人権宣言の誕生の原動力となった。＊第32代アメリカ大統領フランクリン・ルーズベルトの妻)

のちに国連を通じて、女性、難民、障害のある人といった、より不利な立場の人びとに焦点をあてた人権条約がいくつか生まれました。人権は大人だけでなく子どもにとっても非常に重要ですが、子ども特有の必要性は無視されがちでした。しかし、例外がひとつあります。1959年、国連で「児童の権利に関する宣言」が採択されました。そこ

では、保護、教育、健康、住まい、栄養を子どもの基本的な人権として定義しました。

国連の人権条約の重要な歩み	
1951年	「難民条約」
1965年	「あらゆる形態の人種差別の撤廃に関する国際条約」
1966年	「市民的及び政治的権利に関する国際規約」
1966年	「経済的、文化的及び社会的権利に関する国際規約」
1979年	「女子差別撤廃条約」
1984年	「拷問及び他の残虐な、非人道的な又は品位を傷つける取扱い又は刑罰に関する条約」
1989年	「子どもの権利条約」（児童の権利に関する条約）
1990年	「すべての移住労働者とその家族の権利の保護に関する国際条約」
2006年	「強制失踪からのすべての者の保護に関する国際条約」
2006年	「障害者の権利に関する条約」

アフリカは、1990年に「子どもの権利および福祉に関するアフリカ憲章」を採択して、独自の子どもの権利憲章を設けた初めての大陸となった。また、アフリカの54か国はすべて「子どもの権利条約」を批准している。アフリカ憲章は子どもの権利条約の原則にもとづいているが、国内で避難を余儀なくされた子どもや、保護者が投獄されている子ども、妊娠した学生などを保護するといった、特にアフリカにとって重要な問題に焦点が当てられている。アフリカ独自の委員会も設けられていて、子どもや、子どものために大人が、苦情を申し立てられる。

国連子どもの権利条約

「児童は……平和、尊厳、寛容、自由、平等及び連帯の精神に従って育てられるべきである」

(国連子どもの権利条約、1989年)

1989年、ついに子どもの権利条約が国連で採択されました。世界中の政府が初めて、子どもの権利も大人の権利同様に認められるべきだ、そして、どんな社会も強固にしていくには、子どもの存在がなくてはならないということ

24

に合意したのです。この条約によって、政府には子どもの基本的なニーズを満たし、一人ひとりが潜在能力を最大限に伸ばせるように支援する義務が生じたのです。

子どもの権利を保護する方法を検討するうえで、大人たちは子ども特有のニーズを考えなくてはなりませんでした。そこで、子どもを危険にさらすものは何かを考えました。子どもは大人にたよって生きています。それには利点もありますが、リスクもあります。子どもが大人によって傷つけられやすいことがあるのです。

理想的な子ども時代であれば、大人に愛され、よく世話してもらい、すべてのニーズが満たされるでしょう。子どもは育ち、成長し、大きく羽を広げるでしょう。しかし、いつもそうだとはかぎりません。あなたがたよっている大人は、あなたを支えられないかもしれないからです。貧困のために十分な食事をあたえなかったり、病気のために子どもの世話がちゃんとできなかったり、子どもを虐待する場合もあるかもしれません。

社会的な不平等があれば、女の子だから、**先住民族**だからといった理由で差別を受けるかもしれません。化学薬品会社による水源の汚染のせいで、十分な食事やきれいな水が手に入らないかもしれません。国の政治がまちがっていたり、汚職がはびこっていたり、戦争の中で生きなくてはならなかったりするかもしれません。

　子どもにはどうしようもないたくさんの理由によって、虐待されるかもしれないのです。

大切な自由

　子どもの権利条約は54条から成っていて、すべての権利が家庭にも社会にも適用されます。あなたの子どもとしての権利、政府がそれを守るための規則、国連子どもの権利委員会の仕事などについても書かれています。18人の子どもの権利の専門家で構成された、独立した委員会では、政府が子どもの権利をどのように守っているかを定期的に確認しています。

　子どもの権利条約は、子ども時代を丸ごと捉え、すべての権利は互いに関連し合っているのでどの権利がより重要

ということはない、としています。政府には子どもの権利を守り、大人と協力して子どもが権利を自分のものにできるようにする責任があります。親や保護者にはあなたのすべての権利をサポートする義務があり、あなたには自分に関係のある決定に参加する権利があります。

条約では、子どもは成長するにしたがって責任感が増すので、サポートの必要性は減っていくとされています。子どもは、それぞれの環境や文化の中で多様な体験をし、さまざまな能力を得て成長します。これを法律用語で**進化する能力**と言います。成熟するに従って自律性（独立性）が高まるという意味です。成熟の年齢は、環境や文化によって異なります。

子どもの権利を知ろう

子どもの権利条約は、世界でもっとも多くの国や地域が批准している人権条約です。ほとんどの国の政府が署名し、それを守る法的な義務を負っています。子どもの権利は、ほぼ世界中で受け入れられているのです。

批准していないのはアメリカだけですが、アメリカでは、裁判所や政府が子どもにとって何がいちばんよいかを考える義務があります。それは、他の法律や国際人権条約によって子どもの権利の多くが保障されているからです。もしあなたがアメリカに住んでいたとしても、子どもの権利が守られてないわけではありません。

子どもの権利条約の規則を自国の法律に取り入れて守る国もあります。これを**直接組み入れ**、または**国内への組み入れ**と呼びます。子どもの権利を、学校、病院、地域社会など、子どもに関係のあるすべての法律に組み入れることによって、子どもたちは、子どもの権利について、より多く発言できるようになります。

しかし、国によっては特定の権利を留保するところもあります。留保は、政府が条約のいくつかの権利を完全に守らなくてもよくするための、責任のがれとして使われることがあります。

国連子どもの権利条約の
基本原則

　子どもの権利条約は、4つの基本原則によって支えられています。これは、条約の作成者たちが、議論を通してまとめた基本的な原則です。あなたが権利を理解するためにも非常に役立ちます。

【4つの基本原則】
　■ 命、生存および、発達に対する権利
　■ 差別の禁止
　■ 子どもの意見の尊重
　■ 子どもの最善の利益

　4つの原則には、子どもは大人の受動的な所有物ではないことがはっきり示されています。何かを決める時には、親や大人といっしょに参加することができます。あなたには大人と平等の尊厳があり、あなたの意見は尊重されるべきなのです。

　「子どもが参加するのは大きくなってから」とか、「大人になったら○○できるよ」のように未来形で言われることがありますが、条約では、世界が大人の考えだけに目を向けるのでは十分ではないとしています。子どもも若者も、今すでに、ユニークで重要な洞察力をもっているのです。

権利は平等でつながっている

 ひとつの権利がほかの権利より大切だということはありません。それぞれすべてつながっていて、子どもが成長するためには全部の権利が必要です。

 ときには、権利がどれも平等だと思えないときもあるでしょう。食べものが不足していれば、空腹がいちばん気になり、身体的な虐待を受けていたら、痛みにたえられないでしょう。教育を受けさせてもらえないのも、ひどく不公平です。どんな権利も、否定されると、長く影響をおよぼします。将来あなたが親になったとき、子どもにまで影響がでるかもしれません。

特に困難な状況にいたら、「自分の権利のほうが、ほかの人の権利より重要だ」と思いたくなるかもしれません。絶望的になると、怒りを向ける方角をまちがえてしまいがちです。権力をもつ人に責任を問う代わりに、自分と同じぐらい、あるいはもっと苦しい状況にある人を責めることを、**スケープゴーティング**（身代わり犠牲）と呼びます。それはしばしば争いを招きます。

人びとが権利についてどう考えてどう取り組むかは、伝統や文化によってもちがうでしょうが、知識は重要なカギになります。自分の権利を知ることで、権利同士がどうつながり、何がさまたげになって権利が得られないのか、どうすれば権利を使えるかが理解しやすくなります。

条約のさまざまな子どもの権利は、重なり、つながり合っていますが、どの権利も4つの基本原則に支えられています。条約は54の権利（条）からなり、第41条〜第54条には、子どもがすべての権利を得られるために、大人や政府がどう力を合わせるべきかが書かれています。

この本では、第1条〜第40条を、中心となるテーマに分けて説明します。第42条についても述べられていますが、それはここに、「すべての政府には、子どもの権利について、子どもだけでなく大人をも教育する義務がある」と書かれているからです。

子どもの権利は、あなたの権利です

生きる権利、尊重される権利、健康でいる権利

あなたには生きる権利と、生活に適した環境で暮らす権利がある。それは、住むところ、食料、水、汚染されていない気候、健康、医療や保健サービスが受けられる権利だ。

平等の権利、差別を受けない権利

あなたには世界のすべての子どもと平等の権利がある。人種、民族、ジェンダー、セクシュアリティ、宗教、言語、親の政治観、あなた自身の政治についての意見、お金があるかないか、障害があるかないかに関係なく、みんな平等の権利をもっている。

参加する権利

あなたには意見を言う権利がある。自分に関係のあるすべてのことについての決定に参加する権利がある。それは法廷でも同じであり、あなたには判断に適切な情報を得る権利がある。

名前、国籍をもつ権利

あなたには（自分が自分であることを示す）名前と国籍をもつ権利がある。この法的なアイデンティティによって、あなたは子どもの権利のすべてが受けられるようになる。

安全な場所で暮らす権利

あなたには安全な場所で暮らし、そこで世話をしてもらう権利がある。あなたが難民や移民、路上生活者、孤児や里子や養子であっても同じだ。

危害から守られる権利

あなたには、拷問や、残忍で非人道的なあつかいや、尊厳を傷つけられるようなあつかいから守られる権利がある。また精神的、感情的、身体的な虐待を受けない権利や、危険な仕事や強制労働や、麻薬・覚せい剤などから保護される権利、性的目的で人身売買されないよう守られる権利がある。

性的搾取から保護される権利

あなたには性的虐待、女性器切除（カッティング・FGM）、児童婚などから守られる権利がある。

子どもの権利を知ろう

戦争から保護される権利

あなたには生きる権利、戦争や紛争から守られる権利がある。未成年は戦争への参加や戦うことを強制されてはならない。

司法と自由に関する権利

あなたには、残忍でひどい罰や尊厳を傷つけられるようなあつかいから守られる権利がある。公正な審理を受け、裁判官はあなたの年齢とニーズを考慮に入れなくてはならない。また、あなたは虐待から回復するための支援を受けることができる。

プライバシーが守られる権利

あなたにはプライバシーが守られる権利がある。いじめ、脅し、いやがらせ、脅迫、あなたの評判に対する攻撃から守られなくてはならない。

少数民族・先住民の権利

あなたが少数民族や先住民ならば、自分の文化や宗教や言葉をもつ権利がある。

教育を受ける権利

あなたには、人格や才能や能力を高める助けとなるような情報、優れた教育、学校教育を受ける権利がある。情報と指導を受け、自分のもっている権利を知る権利がある。

遊ぶ権利

あなたには遊び、休み、自分の友だちを選び、考えを共有し、芸術や文化を楽しむ権利がある。

自由に考える権利

あなたには、自分の考えをもつ権利がある。自分の信仰を選ぶ権利も、信仰をもたない権利もある。

意見を表し、平和的に抗議する権利

あなたには自分の考えを表し、ほかの人びとといっしょに意見を述べたり、平和的な抗議活動をしたりする権利がある。情報を求めたり得たりする権利がある。

33

子どもの権利条約の選択議定書

　子どもの権利条約ができてから、さらなる子どもの保護と安全のために、3つの**選択議定書**が加えられました。選択議定書を**批准**するかどうかは、各国の政府が選べます。

　もし、あなたの国の政府が批准していなければ、そのうちのひとつ、あるいはいくつかを国の法律にするための運動を起こす権利があなたにはあります。

＊日本は2004年にすべて批准した。

武力紛争における
児童の関与に関する選択議定書（OP1）

　戦争や武力紛争のために子どもが軍隊に入れられないように保護する条約を、さらに強化するためにつくられた選定議定書です。2020年までに、条約締約国197か国のうちの170か国が批准しました。10か国は署名はしていても批准はしていません。署名は、将来は法的に拘束力のあるものにしたいという意思を表します。17か国は署名も批准もしていません。

児童の売買、児童買春及び
児童ポルノに関する選択議定書（OP2）

　子どもであるあなたが、性的搾取や性的虐待を受けない

ように保護するためにつくられました。2020年までに176か国が批准し、9か国が署名をして批准はしていません。12か国は何もしていません。

通報手続きに関する選択議定書（OP3）

2014年発効。子どもの人権が侵害され、国内の法的制度で解決されなかった場合は、子ども自身やその代理人が、国連子どもの権利委員会に苦情を申し立てることができます。これを批准した政府は、「苦情を申し立てる権利」を法律に正式に記して、18歳未満の人たちがより確実に権利を受けられるようにしなくてはなりません。

国連には、子どもの権利が守られているかどうかを取り締まる国際警察の役割がないので、このOP3は欠かせないもので、子どもや代理の大人が声を上げなくてはなりません。さまざまな政府の行動を監視するのを助けたり、子どもたちの発言権を守ったりすることにもなります。2020年までに47の国と地域が批准しています。

2章

子どもの権利を理解しよう

真実は、まだ私たちは自由ではないということだ。
ただ、自由になるための自由、弾圧されない権利を得ただけなのだ。
自由であるというのは、単に自分の鎖をふりほどくだけではなく、他者の自由を尊重して、高める生き方をすることだ。

ネルソン・マンデラ：南アフリカ共和国のアパルトヘイト（人種隔離政策）に反対をして、1994年に大統領に就任するまでの27年間を獄中ですごした。

2

子どもの権利の現状

　子どもの権利をふくむ人権は、現実の世界で重要で、あなたの毎日にも影響があります。

　毎日楽しくすごしていたら、自分がどんな権利の恩恵を受けているかは、あまり気づくことはないかもしれません。十分な食べものと家があって、教育を受けられ、あたたかい家族や友だちがいて、幸せを感じているのなら、あなたの権利はしっかり守られていると言えるでしょう。

　でも、空腹で、暴力をふるわれたり、安全な住まいがなく、教育が受けられなかったり、意見を言わせてもらえなかったりしているなら、あなたの権利は侵害され、ふみにじられています。

　この章では子どもの権利について解説し、子どもの権利と現実とのギャップを探ります。変化を起こそうと活動している、世界中の子どもたちの実話も紹介します。

生きる権利、尊重される権利、健康でいる権利

あなたには生命、生存、および発達に対する権利があります。適切な生活環境で暮らし、できうるかぎりよい医療を受ける権利もあります。子どもの最善の利益がもっとも重要で、それには、きれいな飲み水、衛生的なトイレ、適切な住まい、栄養のある十分な食事、清潔な環境、適切な医療などがふくまれます。

すべての子どもは、社会保障を受ける権利があります。政府は、保護者が子どもを育てるために必要な経済支援をはじめ、さまざまな支援を行わなくてはなりません。あわせて、健康、衛生習慣、栄養、公衆衛生の正しい情報をあなたに伝え、健康で生きられるようにしなくてはなりません。子どもや若者の死をできるだけ防ぐ役割が政府にはあります。また、各国の政府は、健康に関する国際協力を奨励し、進める義務があります。

（子どもの権利条約第3条、6条、18条、24条、26条、27条より）

それはどういう意味？

生命、生存、および発達に対する権利は、あなたがほかの権利を受けるためにも欠かせません。これは子どもの権利条約の基本原則のひとつ（p.29参照）で、健康の権利は重要なポイントなのです。あなたの心身の健康と幸せは、

栄養のある食事、適切な住まい、きれいな飲み水、衛生的なトイレや適正な医療を得られるかどうかにかかっています。そのためには変動の少ない気候と、持続可能な環境も必要です。

あなたに、よい生活環境と食事ときれいな飲み水があれば、病気から回復できる可能性は高くなります。

でも、現実は？

2019年には、世界の子どもの6人に1人が極度の貧困状態にあり、その後、新型コロナウイルスの世界的な流行によって大はばに増加しました。もし、家族に安全に住める家がなく、次にいつ食事ができるのかわからなかったら、あなたの生命、生存、および発達の権利は大きくおびやかされています。

しかし、多くの子どもや若者が、おなかをすかせ、水道やトイレのない貧しい家に住み、健康教育も受けずに育っています。それは、政府の資金不足だけでなく、怠慢や差別が原因かもしれません。政府が特定のグループを優遇することはよくあることなのです。

飢きん、干ばつ、武力紛争などが起きている地域では、未成年者でも、大人と同じ責任を負わされることがよくあります。学校をやめさせられたり、幼いきょうだいの世話をさせられたり、児童婚を強制されたり、生きるために売

春をさせられたりします。その結果、栄養不良、ケガ、下痢（胃腸の感染症）、性暴力、性病、望まない妊娠、メンタルヘルスの問題などで苦しむようになることもあります。

1989年に子どもの権利条約が国連で採択され、その後の30年間で、世界の認知と理解が進んできました。おかげで、5歳未満の子どもの死亡率は半分に減りました。

このように子どもの権利条約は役に立っていますが、まだまだやらなくてはならないことがたくさんあります。2018年には、世界の15歳未満の子ども620万人が、ほとんど予防可能な原因によって死亡しました。いまだに5歳以下の子どもたちがもっとも、栄養不良や治療可能な病気の危険にさらされています。

政府には、子どもの健康と医療に関する権利を守る義務があります。こうした病気の多くは、基本的な衛生状態が整っていないことによって広がるので、病気の予防とコントロール、治療に必要なあらゆる対応をしなくてはなりません。2020年になっても、基本的な手洗い施設が備わっていない学校に通う子どもが8億2,000万人近くもいて、感染症が広がる大きなリスクとなっています。

子どもの権利を理解しよう

> HIV（ヒト免疫不全ウイルス）／AIDS、エボラ熱、新型コロナウイルスのような病気が子どもの権利にあたえる重大な影響は、命の危険だけではない。2014〜2016年にかけて流行したエボラ熱によって、シエラレオネ、ギニア、リベリアといった西アフリカの国ぐにでは、500万人の子どもが9か月間学校に行けなくなり、復学できなかった子どもも多数いる。2016年には世界で12万人もの子どもがAIDS関連の病気で亡くなった。2020年の世界的な新型コロナウイルスの流行では、10億人の子どもや若者が学校や大学に何か月も行けなくなり、その間、多数がほかの学習方法が得られなかった。

感染症が流行すると、生計を立てられなくなる家庭が増えるので、子どもたちには、児童労働、性的搾取、10代の妊娠、児童婚などの危険性が高まります。

家族のストレスが増大すれば、家庭内暴力（ドメスティック・バイオレンス、DV）も増えます。そして、家族が病気で亡くなれば孤児が増え、虐待や性的搾取にさらされます。

社会は経済の回復が困難になり、特に貧しい人びとや社会的弱者にもっとも深刻な影響が出るのです。

これらは、人間が生物多様性や環境を破壊することによって引き起こされたり、悪化させたりしていると考えられています。私たちが自然界を侵略し続けていることが、新しい病気の発生や拡散を加速させているのです。

子どもの権利や、究極的には人類の生存にもっとも大きな脅威となっているのは、おそらく**気候の危機**による環境破壊でしょう。主に裕福な国による過度な二酸化炭素の排出が、子どもたちの将来をおびやかし続けています。

　地球温暖化が進むにつれて、干ばつ、飢きん、極端な気候変動、マラリアやデング熱のような病気、暴力やメンタルヘルスの問題などが増加し続け、100万種もの動植物が絶滅する可能性もあります。

　世界でもっとも貧しい地域は、気候変動の影響を受けやすい場所にあります。たとえば、5億人以上の子どもが、洪水発生率が非常に高い地域に住んでいます。そのような地域に住む人びとは、干ばつ、飢きん、洪水などによって家を失います。

　国連は、気候変動が止まらなければ、2050年までに新たに10億人もの難民や移民が出ると予測しています。子どもが難民や移民になると、虐待、ネグレクト、人身売買、児童労働のリスクが高まり、教育の機会も失われるでしょう。

子どもの権利を理解しよう

2030〜2050年の間に、気候変動がもたらす栄養不足、マラリア、下痢、熱中症で亡くなる人が年間25万人増えると予想されている。女性や子どもが大嵐のような気候関連の災害で亡くなる率は、男性の14倍にも上る。農業、水質、公衆衛生なども健康に直接影響をあたえるが、改善には多大な費用がかかり、2030年までに年間20〜40億ドルもの余分な費用がかかると予想される。

　空気汚染も、生命、生存、および発達に対する権利に深刻な影響をあたえます。世界で３億人の子どもが、空気がひどく汚染されている地域で生活しています。

　WHO（世界保健機構）が定めた大気質基準の最低値を下回る地域に住む子どもは、20億人もいるのです。毎年、60万人近くもの５歳未満の児童が、空気汚染が原因の病気や、症状の悪化によって死亡しています。呼吸器系の病気で苦しむ子どもは何百万人もいます。

　あなたの健康と成長は、何を飲んだり食べたりするかに影響されます。貧困が原因で、子どものために健康的な食べ物を買う余裕のない家庭も多くあります。また、強引なマーケティング商法も健康への権利をおびやかしています。ジャンクフードやあまい飲み物の広告をくり返し見ていれば、だれでも、つい買ってしまうでしょう。

　世界的に見ると、肥満の子どもの数は1975年の1,100万人から、2016年には１億2,400万人に増加しています。

2018年のイギリスでは、400万人の子どもが、公的な栄養ガイドラインを満たす健康的な食品、果物や野菜や魚といった食べ物を買ったり手に入れたりできない家庭で暮らしていた。

権利のための闘い

行動を起こした　オータム・ペルティエ

きれいな水を飲めることは、基本的な人間の権利です。人種、貧富の差、住んでいるところなんて関係ありません。きれいな水は、地球で生きていくすべての生き物にとって必要だから。

オータム・ペルティエは「水の闘士」として知られていて、ウィクウェミコン・ファースト・ネーションズ（カナダの先住民族）のアニシナベに属しています。

カナダの先住民の住む多くの地域では、「水の煮沸消毒」が推奨されています。つまり、その地域の水は飲めないほど汚染がひどく、洗い物にさえも適していないという警告なのです。

煮沸消毒をしない水を飲むと、はき気、腹痛、下痢、頭痛を起こしたり、コレラや腸チフスや赤痢といった病気にかかったりする可能性もあります。

カナダは世界でもっとも裕福な国のひとつで、どこより

水が豊富な国です。カナダ政府が水質を厳しく規制しているので、ほとんどのカナダ人にとって安全な水は簡単に手に入ります。

しかし、先住民の居留地には、国の水質基準が適用されないので、水が汚染されていることが多いのです。そもそも水を得るのが困難だったり、水処理システムに欠陥があったりすることもあります。

オータムは、大叔母のジョセフィーン・マンダミンから、先住民の土地の神聖なる水を守る方法を教えられました。そして、自分の住む居留地の水が有害で「煮沸消毒が推奨」されていることに気づきました。

カナダのオンタリオ州の61以上の先住民コミュニティでは、生水を飲むことができず、それが20年以上続いている地域もありました。

オータムは、大叔母が少しずつ健康を害していくのに気づき、居留地のだれがここの水を守っていくのかと心配になりました。大叔母は、亡くなる少し前にオータムに、こう言い残しました。

「水を愛して守ることを止めてはだめ。あなたのしてい

ることはだれにも止めることができない。止まらずに進み続けてちょうだい。」

私たちの国カナダは裕福で、発展途上国ではないと思っていたけど、先住民の住んでいるところはまさにそんな状況でした。なんとかしなくてはと思って、私は行動を起こしました。8歳のときでした。

2018年、13歳になったオータムは、国連「世界水の日」でスピーチしました。彼女はいくつもの賞を受賞し、ファースト・ネーション会議から、「水の守り人」として表彰されました。

オータムは、自分のコミュニティだけでなく、世界中の先住民のために、きれいな水を求める努力を続けています。

行動を起こした　ハイアリア・ラーマニヤ

タイの南部チャナ郡の漁村で生まれ育ったハイアリア・ラーマニヤは、「海のむすめ」として知られています。

家の前の海は海産物が豊富で、ウミガメや、ピンクイルカのようなめずらしい絶滅危惧種の海洋動物も住んでいました。

2020年、17歳のハイアリアは、タイ政府のチャナ郡工業地帯開発計画に反対する運動を起こしました。何時間も

抗議活動をしたり、開発を止めてほしいと書いた手紙を、1000キロもはなれたバンコクの首相官邸まで届けに行ったりしました。

この開発は地元の人びとの文化や生活を壊し、豊かな海洋資源に深刻なダメージをあたえると訴えたのです。その結果、政治家たちは開発の決定を先延ばしすることにしました。しかし、現在も結論は出ておらず、ハイアリアは運動を続けています。

私は、海とともに生き、海から食べ物をもらい、海といっしょに育ってきた。海と私の間には強いきずながある。私は、この豊かな環境の中で大人になりたい。そして次の世代にも、私と同じ自然の中で育つ権利をもってほしい。

行動を起こした
グレタ・トゥーンベリ

　2018年、15歳だったグレタ・トゥーンベリは、スウェーデンの議会前で抗議活動を始めました。

　スウェーデン政府に、世界の指導者たちが2015年に合意した二酸化炭素排出量目標を守るように、強く求めたのです。

　「気候のための学校ストライキ」という看板を掲げて、金曜日に学校を休む運動を起こしました。

　グレタの抗議活動は、#FridaysForFutureのハッシュタグとともに、SNSで急速に世界中に広がりました。支援者が増え、ほかの国でも「学校ストライキ」が始まり、2018年12月には、２万人以上の生徒たちが「学校ストライキ」に加わりました。グレタは多くの人の考え方を変えることに成功し、気候行動に関する運動を確立しました。

　2019年９月には161か国から400万人の人びとが世界気候行動ストライキに参加し、歴史上最大の気候関連デモとなりました。

子どもの権利を理解しよう

グレタは、その年の国連気候行動サミットで、世界の指導者たちに訴えかけました。

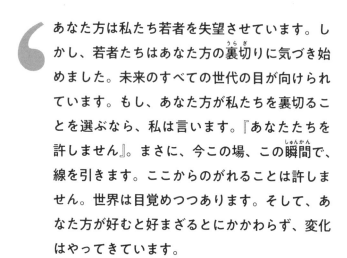

> あなた方は私たち若者を失望させています。しかし、若者たちはあなた方の裏切りに気づき始めました。未来のすべての世代の目が向けられています。もし、あなた方が私たちを裏切ることを選ぶなら、私は言います。『あなたたちを許しません』。まさに、今この場、この瞬間で、線を引きます。ここからのがれることは許しません。世界は目覚めつつあります。そして、あなた方が好むと好まざるとにかかわらず、変化はやってきています。

　同じ月にグレタは、世界各地から集まった15人の子ども活動家とともに、国連子どもの権利委員会で嘆願し、締約国の政府が気候危機に対して行動を起こしていないと抗議しました。(p.246)

行動を起こした　ンコーシ・ジョンソン

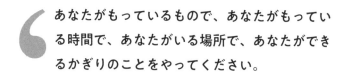

> あなたがもっているもので、あなたがもっている時間で、あなたがいる場所で、あなたができるかぎりのことをやってください。

ンコーシ・ジョンソンは、1989年に南アフリカで生まれました。生まれたときからHIVに感染していて、慢性的に免疫機能が低下した状態で、AIDSの発症につながる危険がありました。

母親のノントラントラ・ダフニー・ンコーシが、知らないうちにおなかの中のンコーシに感染させていたのです。AIDSについてまだわからないことが多かった時期で、効果的な治療法もなく、偏見にさらされました。

2歳のとき入院したンコーシが退院するとき、母親は家に連れて帰るのをおそれました。地域の人びとに差別され、仕事も家もうばわれると思ったのです。母親は医師に相談しました。AIDS患者のゲイ男性用のホーム理事を務めていた医師は、ホームの設立者ゲイル・ジョンソンを紹介し、その後、ンコーシはゲイルの家に引き取られることになりました。

そして、毎月の診療が受けやすくなるように、ンコーシの名字をゲイルと同じジョンソンに変えました。

母親は1997年に亡くなりました。ンコーシは、HIV感染者だという理由でヨハネスバーグの学校への入学が認め

子どもの権利を理解しよう

51

られなかったことから、社会の注目を集めるようになりました。そして、ンコーシとゲイルの抗議活動によって、子どもが健康上の理由で入学を拒否されないための新しい反差別政策が導入されました。ンコーシは活動を続け、ゲイルといっしょに、HIVに感染した母親と子どものための「ンコーシの避難所」を設立しました。

2000年、11歳になったンコーシは、国際AIDS会議に講演者として招かれ、オープニングイベントでこう話しました。

「私たちのことを気にかけ、受け入れてください。私たちはみんなふつうの人間です。手も足もあります。歩いたり話したりできます。みんなと同じものを必要としています。私たちをこわがらないでください。みんなと同じなのだから。」

このスピーチは世論に大きな影響をあたえました。

ンコーシが2001年に亡くなると「英雄の葬儀」が行われ、何千人もの参列者がかれの死を悲しみました。ンコーシは死後に、国際子ども平和賞を受賞しました。

その後、科学の進歩によって、HIVに感染した妊婦が胎児にウイルスを移さないための治療が可能になりました。今では、効果的な治療や医療を受けられれば、エイズの発症を防ぎ、HIVに感染していない人と同じくらい健康的に生きることができるようになりました。

平等の権利、差別を受けない権利

　成人年齢（通常は18歳で、あなたの国ではちがうかもしれません）に達していない子どもは、だれでも同じ権利をもっています。人種、民族、はだの色、ジェンダー、性自認、言葉、信仰、文化、セクシュアリティに関係なく、法の下で平等です。障害があってもなくても、ニューロダイバーシティ（脳や神経の発達が多様）でも定型的な発達でも、お金持ちでも貧しくても、みな平等なのです。もし、あなたに障害があるなら、特別な教育やケアを受ける権利があります。それはあなたの尊厳を守り、できるだけ自立した生活を送るためです。

（子どもの権利条約第1条、第2条、第23条、ならびに、子どもの権利委員会の一般的意見13）

子どもの権利を理解しよう

平等とは？　差別とは？

　平等は、子どもの権利条約の基本原則のひとつです。あなたがだれであっても、すべての子どもにはできるかぎりもっともよい人生のスタートを切る権利があるのです。だれも偏見や差別で苦しんではならず、また、自分がだれであるか、だれかと知り合いであるかによって、特別に優遇されてはなりません。また、子どもも大人と同じように権利をもち、権利をもつものとして平等な立場なのです。

　平等は、人間のちがいをたたえる価値観であり、多様性を尊重します。すべての子どもには、成長し、豊かな人生を送る平等な機会があり、一人ひとりのすばらしいちがいが、社会を豊かにします。平等はすべての人にとってよいことなのです。

　差別は、偏見から生じるもので、不公平なあつかいの主な原因のひとつです。だれかを犠牲にして、だれかが利益を得ようとする差別は、平等に反しています。差別は、差別される者にとっては屈辱的であると同時に、差別する側にとってはずべき行為になります。

でも現実は？

　あらゆる差別の根底には、特権や資源にしがみつく権力

54

構造があります。権力をもつ者は、ちがいや異質といった概念を利用しようとします。ある集団が別の集団より優れているという思いこみ（かんちがい）は、次第に偏見へと変わっていきます。

差別は身勝手で正当化できないもので、人権を侵害します。しかし、それはなかなかなくなりません。なぜなら、他者を犠牲にして利益を得る人がいるからです。差別は、不平等と不正を生み出すので、人びとは貧困からぬけ出すのがいっそう困難で、権利を侵害されやすくなります。道徳、宗教、イデオロギー（思想・信条）の名の下に、差別を正当化し、権力を強化しようとする政府もあります。それが国際法に反していても、国の法律に差別が組みこまれている場合もあります。単に、貧困、先住民、黒人というだけで、その集団には価値がなく、犯罪者になる可能性が高いなどという、誤った考えにもとづいて権力構造をつくろうとする国もあるのです。

差別には、次にあげるようなさまざまな形があります。どんな差別も、子どもの権利条約だけでなく、ほかの国際人権条約にも違反しています。

人種差別

人種差別は、何世紀も前から、世界中の人びとに影響を

あたえ続けてきました。人類は「人種」によって分けられ、白いはだの人は優れているから、褐色や黒いはだの人を支配するべきだという、まちがった原理にもとづいています。はだの色、**民族性**（伝統文化）、階級（**カースト**など）、出身国などで、人権を組織的に否定するものでした。

　科学は、生物学的な人種のちがいなど存在しないと示しています。それでも、いまだに多くの人びとが人種のちがいという概念を信じこみ、憎しみや迫害、殺人さえも正当化するのに利用しているのです。これは、差別以外の何ものでもありません。人種差別と**白人至上主義**は、白人がより優れているというこり固まった観念で、黒人などの**有色人種**に対する日常的な抑圧の原因となっています。こうした考えを広める企業や個人は、人びとの恐怖心をあおることで、大金を手にしようとしているのです。

人種のちがいなど、生物学的にはありえない。あるのは社会的なちがいだけだ。言いかえれば、人種とは社会が何世紀にもわたって私たちに植え付けてきた観念で、事実にもとづいたものではない。過去数十年間の科学的研究によって、すべての人間が非常に似通っていると証明されている。人類は皆同じ数の遺伝子があり、アフリカが起源なのだ。

　1525〜1866年の間に、ヨーロッパ人とアメリカ人の貿易商が大西洋で奴隷貿易を行い、少なくとも1,200万人のアフリカの人びとを奴隷として売買し利益を得ました。残

忍で非人道的で劣悪なあつかいを、人種差別を利用して正当化したのです。このように人種主義は大きな苦痛をもたらし、人種差別を放置すれば、残虐行為やジェノサイド（特定の集団に対する大量虐殺）が起こりやすくなります。

ジェンダーにもとづく暴力

世界中の多くの国に、女性の権利を否定するような法律、政策、慣習、考えが存在しています。政府が、少女や女性をおさえつける措置を堂々とサポートしているのです。もし、あなたがサウジアラビアの少女なら、成人してからも男性の管理システムの下で、子どものようにあつかわれます。生れてから死ぬまでずっと、男性（通常は父親や夫、兄弟や息子の場合もあります）があなたの人生を支配するのです。あなたに重要な決定権は何もなく、2018年まで、女性が車を運転することも許されませんでした。女の子も女性も、男性の後見人の許可がなければパスポートを申請することも、旅行をすることもできないのです。（＊2019年に、パスポートの取得や国外旅行に関しては、男性の後見人の許可は不要になった）

しかしいまだに、ほかのすべての国でも、少年や男性が優位に立つのを奨励するような考えが続いています。こうしたジェンダーステレオタイプは、あなたの選択、望み、人生をも制限するばかりでなく、差別をつくり出し、人権

侵害の連鎖を生んでいきます。2019年のUNICEF（国連児童基金）の調査によれば、世界の15〜19歳までの女子の4分の1が、学校に行けず、仕事にもつけず、職業訓練も受けられていませんでした。女子に対して、男子は10分の1ほどでした。教育を受けられなければ、早く結婚をして子どもを産むように圧力をかけられ、仕事につくこともできないでしょう。自分の可能性を広げることも非常に困難です。ジェンダーにもとづいた暴力は、世界中で大きな苦しみを生んでいます（p.96）。

同性愛とトランスジェンダーへの嫌悪

　世界のいたるところに、だれを愛しているのか、だれに恋愛感情をいだくのか、性をどう自認しているのかなどの理由で、差別を受けている人たちがいます。レズビアン、ゲイ、バイセクシュアル、トランスジェンダー、インターセックスといった「LGBTI」の人たちは、生活のあらゆる場面で不当なあつかいを受ける危険にさらされていて、しばしば、いやがらせや暴力に直面しています。（＊性的マイノリティの人たちを「LGBTQA+」と呼ぶこともある）

　同性間の同意による性行為（おたがいが同意して行う性行為）が78か国で違法とされています。イラン、サウジアラビア、イエメン、モーリタニア、スーダン、ナイジェリアとソマリアの一部では、ゲイやレズビアンが死刑宣告

を受けることさえあります。

ゲイの「転向療法」に科学的根拠があるという主張は、まったくのデタラメです。転向療法は、同性にひかれる感情を取りのぞいて、生まれたときの身体的性別を無理やり自認させようとするものですが、非科学的で医学的に証明されていないばかりか、ひどく屈辱的で有害なものです。国連によると、この治療の影響を多く受けているのは若者です。2020年までに、ブラジル、エクアドル、ドイツ、マルタ、台湾と、アメリカの20の州が、子どもへの転向療法を禁止しました。ほかの国や州もそれに続くでしょう。

性別に違和感をもつ子どもや未成年の若者は、自認するジェンダーが記載された(パスポートのような)法的書類がなければ、自分がだれであるかを証明しなくてはならないという、さらなる重荷を課せられます。ネパールやニュージーランドのように、ジェンダー・ニュートラル(＊男女の性差にとらわれない中立的な立場)の書類を発行し始めた国もあります。

2013年に、ロシアは「ゲイ・プロパガンダ法」を可決しました。この法律は、若者がLGBTIの人びととの生活につい

ての情報を得ることを禁じ、差別を助長するものでした。ネットの情報を削除したり、子どもにメンタルヘルスの専門家を紹介するサービスを禁止したり、さらには、支援団体やメンタルヘルスの専門家がLGBTIの若者をサポートすることをも止めさせました。この法律によって、LGBTIの子どもや大人への暴力やいやがらせが増加しました。

南米のチリでは、2018年にアマランタ学校が創設されました。トランスジェンダーの生徒やかれらのきょうだい、従来の学校になじめない子どものための世界初の学校です。自分らしくいようとしていじめられる子どもたちを、安心できる場所として、学校が受け入れています。

> トランスジェンダー（トランスとも言う）の人は、生まれたときあてがわれた性別と、自分が思う性別がちがう人のこと。さまざまな**性自認**をふくむ言葉としても使われる。**性別違和感**とは、身体的性別と自認する性別との間に葛藤が生じて起きる精神的な苦痛を指す。**ノンバイナリー・ジェンダー**は、自分を男性とも女性とも感じない人（言いかえれば、男か女かという性別二元論**（ジェンダー・バイナリー）**に当てはまらない人）を指す。ノンバイナリーの人も、生まれたときの性別に当てはまらないため、広い意味でトランスジェンダーの定義にふくまれる。

トランスジェンダーは現代的な概念ではありません。たとえばインドには、少なくとも2,000年前までさかのぼって、ヒジュラと呼ばれるトランスジェンダーの人びとがいます。

障害がある人への差別

およそ10人に1人の子どもに、身体または精神の障害があります。また、障害のある人（子どもも大人も）の80％が開発途上国と呼ばれる国に住んでいます。

もし、あなたに障害があっても、もちろんすべての子どもや未成年の人たちとまったく同じ権利があります。しかし障害があると、その権利にアクセスするのがより困難な場合があります。あなたの障害やちがいによってではなく、社会の障壁によってさまたげられるのです。差別とは、つまりあなたのニーズに他者が適応しないことでもあります。不必要な障壁が、あなたの道をふさぐことも多いでしょう。多くの機会が、たとえば学校に通うことさえも、不当に否定されることもあるでしょう。建物や公共施設があなたのニーズを考慮して建てられていないため、行くことも使用することも困難な場合も多いでしょう。政府の政策（福祉や交通のような国のシステムを決める規則）が、あなたを排除している場合もあるかもしれません。また、障害のある女子が暴力や性虐待にあう確率は、障害のない女子と比べて2～3倍も高くなっています。

貧困、階級、カースト

どの国にも、極度の貧困にあえぐ人や、社会の片すみに

子どもの権利を理解しよう

61

追いやられて、収入も住むところも十分な食料もない人びとがいます。2013年には、貧困の中で暮らす子どもがおよそ３億8,500万人もいました。そうした子どもたちは、なかなか教育を受けられず、差別を受けやすく、人生の公平なスタートを切ることも、成長のための平等な機会を得ることも難しくなります。もし、あなたが戦争の影響を受けている地域や、気候関連の災害を受けやすい地域に住んでいれば、さらなる障壁が行く手に立ちはだかるでしょう。でも、だからといって、あきらめる必要はありません。あなたは不利な立場に置かれていますが、政府にはあなたの権利を守る義務があるはずなのです。

開発途上国では、人口のもっとも貧しい20％の子どもは、もっとも豊かな20％の子どもより、５歳になるまでに死亡する確率が３倍も高い。

権利のための闘い

行動を起こした　ズライカ・パテル

ヘアースタイルを変えろと言うのは、私の黒いはだの色を変えろと言うのと同じこと。

2016年に、13歳のズライカ・パテルは、黒人の女子生徒たちと、プレトリア高校の人種差別的で性差別的な髪型の校則に抗議するデモを行いました。高校では、黒人生徒に対して、髪を「改める」、つまり化学薬品で髪をまっすぐにするようにと、軽蔑的な言葉を使って、強制的な指導をしていたのです。

南アフリカでは1948〜1990年代、アパルトヘイト法によって、黒人の生活のあらゆる面が規制されており、髪型の校則もそのひとつでした。高校はアフリカの言語も禁止し、黒人の女子生徒が4人以上集まることも許されなかったのです。

ズライカたちの抗議デモは、南アフリカでいまだに人種差別が根強く残っていることをうきぼりにしました。学校がやとった警備員が、ライフルと犬を使って抗議デモを解散させようとしても、ズライカたちは屈しませんでした。警備員が生徒たちを逮捕するとおどしたことによって、事態は集団的対立にまで発展していきました。

彼女たちがSNSで発信すると、ハッシュタグ#StopRacismAtPretoriaGirlsHighは15万回以上使われ、黒人生徒たちは、白人の教育機関に対する不満を共有して

子どもの権利を理解しよう

団結しました。この運動に刺激されて、ほかの学校でも同じような抗議行動が起きました。そして、大臣が学校を訪れ、アメリカの南アフリカ大使はSNSでこう発信しました。

「すべての社会に規則がある。しかし、規則が偏見に根ざしている場合もある。そうした規則の偏見は、明らかにして抗議する必要がある。」

オンラインの署名が1日で2万5,000通近くも集まり、ついに地域の教育局によって、髪型の校則が廃止されました。

アパルトヘイトとは1948～1990年代初頭まで続いた南アフリカの制度化された人種隔離制度で、少数派の白人に権力をあたえるものだった。

行動を起こした　アイシャ・サレー

自分の権利について知らなければ、悪意ある人に利用されやすい。でも自分の権利を知っていれば簡単にだまされることはない。

アイシャ・サレーは、ナイジェリア最大の都市ラゴスのスラム街に、兄と祖母と住んでいます。5か国語が話せるアイシャは、11歳のときから活動家として、ナイジェリアの子どもの権利を守る団体CEE-HOPEと協力して、教育を受ける権利と児童婚の廃止を求めて闘ってきました。

2019年にスイスのジュネーブで開かれた国連国際子ども会議に、アイシャはナイジェリア代表として参加する機会を得ましたが、ナイジェリアの旅券局がそれを阻止しました。彼女が貧しいために、旅行の計画を信じてもらえなかったのです。

子どもの権利を理解しよう

1年後、15歳になったアイシャは、**生理の貧困**についての運動を始めました。生理について話すことをよしとしない、文化的なタブーに取り組んだのです。自分のように貧しくて生理用品が買えずに、生理中は学校を休まなければならない女の子たちのために、ナイジェリア政府に生理用品を無料で提供するように求めました。

政府が貧困対策をしないことが、貧しい少女たちをさらに追いこんでいるのだと訴えたのです。生理用品を買うために売春する女の子や、児童婚を強制される女の子たちもいたからです。アイシャの運動は、この問題への人びとの認識を広げ、生理について日常的に話し合えるようになりました。多くの人が、ナイジェリア中の女子や避難民キャンプの人びとのために寄付をしたり、生理用ナプキンを配布したりするようになりました。アイシャは政治家たちに、

65

特に貧しい地域や学校の女性たちに生理用ナプキンを無料で配布するよう強く求め続けました。

行動を起こした
パブロ・エンリケ・トレス・グティエレスと
ホセ・プリエト・レストレポ

コロンビアでは、10代のふたりの学生、パブロ・エンリケ・トレス・グティエレスとホセ・プリエト・レストレポが、ゲイであることを理由に、かれらを排除した教会経営の学校を訴えました。ふたりは、1998年にコロンビア最高裁で勝訴し、それ以来、コロンビアはLGBTIの権利を保護するためのしっかりした法的枠組をつくりました。

しかし、法律ができても差別は依然として続いています。2019年までの５年間で、ラテンアメリカとカリブ海諸国の９か国のうちで、LGBTIの人がもっとも多く殺害されたのはコロンビアだったからです。

行動を起こした　エミリー・ウォルドロン

エミリー・ウォルドロンは、イギリスに住む12歳のトランスジェンダーの女の子です。エミリーは、トランスジェンダーの若者とその家族のための支援団体「マーメイド」の集会に行くまで、自分のような人間ははかにはいないと思っていました。そして、その日からエミリーは、自分の

ような立場の人が孤立しないために、どんなことでもしようと決心しました。アムネスティ・インターナショナルの会合に出席し、イギリスの政府平等局の職員に、ジェンダー承認法について話をしました。これは、一部のトランスジェンダーの人が、出生証明書の性別を法的に変えられるための法律です。エミリーは、権利と平等を求める運動にはいろいろな方法があることに気づき、多くの運動に参加するようになりました。

子どもの権利を理解しよう

> 私は運動に参加することによって力を得て、自分の運命を変えられると感じるようになった。中学に入学して、LGBTとアライ（＊理解者・支援者）のクラブを立ち上げて、学年ごとの集会でスピーチをして、みんなに好評だった。すべての生徒が安全で、この学校の一員だと感じてほしい。LGBTの人たちが、愛情と平等と尊厳を得られるまで、私は運動を続けるつもり。だって、私たち人間はみんな、大きなコミュニティの一員で、おたがいを支えあうべきだと思っているから。

行動を起こした
エイミー、ジェイミ、ケイン、ジェイミー

　イギリスのウェールズで、11〜14歳のエイミー、ジェイミ、ケイン、ジェイミーの4人が差別と闘い始めたのは、2019年のことです。女の子のエイミーとジェイミーには特別な学習法が必要で、男の子のジェイミとケインは車いすを使っていました。かれらはしばしば悪口を言われ、歩道に駐車する車などの障害物が多くて、車いすで移動するのが困難なこともありました。

　そこで、警察のヘイトクライム対策資金を申しこんでビデオカメラを買い、証拠を撮影することにしました。そして、強力な証拠映像と、子どもの権利条約に記されている

68

権利とを示して、状況を変えるよう要求したのです。動画をウェールズ議会で発表し、さらに地域社会の評議員や政策決定者に提出した結果、支援が約束されて、変化を起こすための計画が立てられました。エイミーたちは報告書の中で、こう述べています。

私たちは、みんなと同じ権利がほしいだけなんだ。

行動を起こした　ウケイ・ムラタリーヴァ

ウケイ・ムラタリーヴァは、キルギスに住む障害者の権利活動家で、有名なファッションデザイナーでもあります。幼いとき、ウケイは保育園に入れてもらえませんでした。保育園のスタッフに、「園には障害がある子どものための設備がなくて、安全ではないから」と断られたのです。

> 私は脳性小児マヒで生まれた。最初の記憶は、カギをかけて家に閉じこめられていたこと……。父は、私がまだ幼いころに亡くなって、母はひとりで、私ときょうだいたちを養わなくてはならなかった。毎朝、きょうだいたちは学校へ、母は仕事へ。私はひとりぼっちで家に残された。子ども時代のほとんどが孤独で、のけ者にされていると感じてすごした。

　ウケイが学校に入るために、「どんな事故が起きても学校には責任がない」という書類に、母親が署名をしなくてはなりませんでした。そして、ウケイをクラスに入れてもよいと言った教師は、たったひとりでした。

　ウケイは成長し、さらなる壁に直面しました。障害者には国家試験が受けられないというのです。それでも最終的に、大学でファッションデザインを学び、ウケイは仕事につき、成功しました。

　ウケイと活動家たちにとって大きな突破口となったのは、2019年にキルギス政府が「国連障害者の権利に関する条約」を批准したことでした。ウケイは現在、障害のある女の子や女性のためのNGO「Nazik Kyz」の理事長も務めています。

参加する権利

あなたには、自分の意見を述べ、自分に影響をあたえるすべての決定に参加する権利があります。それには裁判もふくまれます。また、あなたには、判断に必要な適切な情報を得る権利があります。

（子どもの権利条約第12条より）

参加する権利って？

これは子どもの権利条約の基本原則（p.29）にもとづいた柱となる権利です。

参加する権利とは、あなたに影響をあたえるすべての決定について、あなたは意見を言い、それを聞いてもらい、真剣に受け止めてもらう権利があるという意味です。参加することによって、あなたは人として成長しますが、それだけではありません。問題についてのあなたの視点が、よりよい決定のために役立ち、社会の強化にもつながるのです。参加する権利は、あなたの今もちうる能力と密接な関係があり（p.27）、あなたにもっともふさわしい方法が使われます。たとえば、あなたが幼いうちに参加できること

子どもの権利を理解しよう

71

は、主に家族や身近な環境の問題にかぎられていますが、あなたが成長するにしたがって、地域社会から国家、そして世界に至るまで、あらゆる問題に関わることができるようになるのです。

学校については、教育内容や方法、学校の運営について意見を言う権利があります。里親と暮らしている人は、自分に関わることへの決定に参加する権利があります。病院にかかるときには、医師や看護師から情報をあたえられる権利と、あなたの考えをきちんと聞いてもらう権利があります。

裁判や法的手続きに関しても、関係者の大人たちは、あなたに自分の意見をもつ能力があると考えるべきであり、あなたにはそれを証明する必要はないと、国連子どもの権利委員会は述べています。さらに、幼い子どもも、たとえ言葉でうまく言い表せなくても自分の考えを形成する能力があるとしています。そのため法廷は、子どもの非言語的なコミュニケーション（表情や、遊び方や描いた絵など）を考慮に入れ、幼い子どもも、自分の理解したことや望むことを、その子なりの方法で表現できるようにすべきだとしています。

子どもの権利条約を批准した政府には、この規約について、さまざまな方法ですべての人に知らせる法的義務があ

ります。あなた自身も法廷も、あなたに自分の意見を述べる権利があると知るべきだという意味です。もし、それが実行されない場合は、あなたには、その法的義務について法廷に知らせたり、守られるように伝えたりする権利があります。

でも現実は？

　あなたが意見を述べる権利は、社会に変化を起こすために重要です。しかし、世の中が常に子どもと大人を平等に見ているわけではありません。大人が、あなたの意見を聞いたり、考えを受け入れたりしないことがあるでしょう。大人から見下されることもあるかもしれません。あなたがマイノリティに属していたり、女性だったり、障害があったりすれば、意見を聞いてもらうのはさらに困難でしょう。しかし、子どもや若者が発言し、大人が真剣に受け止めることは、すべての人にとってプラスになるのです。

地域社会であっても国家であっても、すべての予算計画は子どもや若者にとって大きな意味をもつ。予算計画を立てるプロセスへ子どもの参加を奨励する政治家もいる。ブラジル北部のフォータレンザ市議会では、何年も前から、子どもが地方や国家の予算計画に関わってきた。2003年に子どもたちは市の予算に対して33の修正案を提案し、そのうち3案が2004年の予算として承認された。

子どもの権利を理解しよう

「子どもの権利があたえる影響」を評価している政府もあります。これは、法案や政策や予算が子どもたちにあたえる影響を予測するのに役立ちます。子どもにとって最善の利益となり、また、大人による行政プロセスに子どもの発言が加わることで、社会にとってマイナスになる行政の潜在的な害をふせぎ、高くつく過ちのリスクを減らす効果もあります。政治のさまざまな場面で、それも新しい政策や法律をつくるプロセスのできるだけ早い段階で、子どもの参加を組みこむことができます。

> インドでは「子ども議会」が全国に設置されている。「子ども議会」は、地域の子どもたちの議会連合だ。子どもや若者が、地域社会、州、国家、国際的なフォーラムで、自分や仲間の生活に影響をあたえる問題について、意見を述べることができる。「子ども議会」は子どものために、子どもによって運営されている。

権利のための闘い

行動を起こした　シャーロット・ドナルドソン

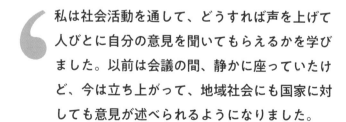

> 私は社会活動を通して、どうすれば声を上げて人びとに自分の意見を聞いてもらえるかを学びました。以前は会議の間、静かに座っていたけど、今は立ち上がって、地域社会にも国家に対しても意見が述べられるようになりました。

スコットランドのシャーロット・ドナルドソン（ジプシー・トラベラー）は、平等を勝ちとるために、スコットランド政府に少数民族への差別をなくす方法を提案しました。

子どもの権利を理解しよう

シャーロットは16歳のとき、「スコットランド・ジプシー・トラベラー」会議の創設者のひとりとなり、スコットランド政府の代表者との会議に出るようになりました。2019年には、スコットランド人権委員会の報告書作成に貢献し、地域の博物館で工芸品を展示して、世に知らせる活動もしました。また、国家レベルでは、スコットランド青年議会に代表者を送る努力をしました。2020年にシャーロットは兄のデイビーとともに、**反人種差別運動の提言者として、ヤング・スコット・アワードを受賞しました。シャーロットはこう述べています。

「
ジプシーなどの少数民族が、この国で平等を得るまでには、まだ長い道のりが続いています。私は偏見に立ち向かい、私のコミュニティのために、より多くの支援と保護を勝ち取るための役割を担う決意をしています。

75

名前、国籍をもつ権利

すべての子どもには、誕生後すぐに登録され、名前と国籍をもつ権利があります。その権利は不法にうばわれないように、守られ、保護されなくてはなりません。

(子どもの権利条約第7条、第8条より)

名前、国籍をもつ権利って？

この権利は、教育、健康、移動の自由、政治参加など、ほかの多くの権利へのとびらを開くものです。誕生を記録されることによって、あなたには法的な身分証明書があたえられます。

もちろん、そうでなくても、人間であるというだけで、あなたにはすべての人権があります。しかし、法的な身分証明書は、あなたの存在の証明になります。証明書によって、あなたの生まれた国の政府が、あなたの名前、国籍を正式に認め、誕生した日からあなたの権利を守ると約束するのです。これは、あなたが社会から排除されずに、受け入れられることを意味します。

でも現実は？

　誕生が登録されていなければ、あなたの存在の法的な証明はありません。すると国籍をもつことがほぼ不可能になり、「無国籍」になるかもしれません。どの政府もあなたを国民として認めないということです。法律から見ればあなたは存在しないことになり、権利の行使がとても困難になります。身分証明が必要なこと、たとえば小学校に通ったり、大学に入学したり、パスポートや銀行口座をつくったり、外国旅行をしたり、医療や福祉を受けたり、運転免許証を取ったり、車を所有したり、という日常生活のあらゆることで苦労するでしょう。選挙権も得られず、就職や結婚することも難しくなるかもしれません。

> イギリスには、市民権や、住むための法的許可をもたない子どもが推定12万人いる。その半数以上はイギリス生まれで、その多くは、1981年制定の国籍法にもとづいてイギリス市民として登録される権利がある。しかし、非常に高額な登録費が払えない人が多くいるため、子どもたちは多くの権利を行使できない状態のままだ。しかし抗議活動のおかげで、2021年2月、高等法院が「登録費は違法で、子どもの最善の利益に反する」という判決を出した。

　あなたの存在が認識されなければ、大きなリスクにさらされます。実際に、人身売買、奴隷制、そのほかの**強制労働**、児童買春などから、子どもをあまり保護していない国

子どもの権利を理解しよう

もあるのです。国に支えてもらえなければ、自分や家族（家族がいれば）、だれかの親切に頼らざるを得ません。しかし、それでは安全でも公平でもなく、悲しいことに多くの場合、十分な支えは得られません。

　問題の性質上、信頼できるデータがなく、正確な数字はつかめていませんが、世界のあらゆる地域とほとんどの国に、２億9,000万人もの無国籍の子どもがいると推定されます。５歳以下の子どもの半数近く（45%）が登録されていないのです。

　子どもたちが成長しても問題はなくなりません。大人もふくめて、世界でおよそ10億人が身分の証明をできず、そのために基本的なサービスを受けることができないのです。低所得の国に住む少女の場合、法的な身分証明を得られる確率は50%しかありません。

　2030年までにすべての人が、出生証明書のような合法的な身分証明を得られることが、**国連の世界持続可能な開発目標（SDGs）**のひとつです。しかし、身分証明のあるなしによって、権利の行使やサービスが受けられるかどうかが決まるのは、公平とは言えません。

国連の世界持続可能な開発目標（SDGs）は、2030年までにすべての人にとっての、よりよい持続可能な未来を実現するための計画だ。貧困、不平等、気候変動、環境劣化、平和と正義といった世界の問題を取り上げている。

出生届を出さないのにはさまざまな理由があります。多くの政府が登録の重要性を説明していないため、出生届が、子どもの将来にとって非常に重要だということを知らない親も多いのです。くり返しますが、登録費が高いことも理由のひとです。出生届を出す役所の設備が整っていないために、手続きが困難な場合もあります。性別や民族性を理由に、重要視されないこともあるでしょう。親が移民の場合は、役所から受けるあつかいをおそれてのこともありますし、法的な身分証明書をもたずに国からにげなくてはならなかったために、無国籍となった難民の子もいるかもしれません。難民キャンプで生まれたため、国籍の取得が困難だったり、家族が非正規移民だったりする可能性もあります。

母親が自分の国籍を子どもに受けつぐことのできない法律が、27か国に存在している。特定の民族に市民権をあたえない国もある。

子どもの権利を理解しよう

2016年に中国は、30年以上続いていた、人口を制限するための「一人っ子政策」を緩和した。しかし、2人目以上の出生を登録する高額の費用を払えない家族が多く、1,300万人もの「見えない子ども」がいる。登録費を払わなかったことで罰せられるのをおそれて、親が子どもをかくしているのだ。

権利のための闘い

行動を起こした　フランシア・シモン

　フランシア・シモンが生まれるずっと前、両親は、多くの難民たちとともに貧困と暴力からのがれるため、ハイチから隣国のドミニカ共和国に移り住みました。フランシアが育った村はとても貧しく、家族は、ハイチから来た多くの人びとと同じように、公的な身分証明をもっていませんでした。

　フランシアは出生証明書がなかったので、ドミニカの高校に入学できませんでした。フランシアが9歳の時、ドミニカ人の血を引く父親は、ハイチ人の母親と別れて去ったため、フランシアは登録ができなかったのです。さいわい、ドミニカ人の叔母がいたので、フランシアは出生証明書を得て、教育を受け続けることができるようになりました。

　それ以来、フランシアは、ほかの人たちの状況を改善す

80

るために闘ってきました。一軒ずつ訪ね歩いては、子どもの権利について伝え、900人もの子どもが出生証明書を得て教育を受けられるようにするまで、役所での複雑な申請手続きを手助けしました。

> 私は幼くて小さな女の子だったから、家を訪ねると、追いはらわれそうになった。でも、私はひるまなかった。真剣に、まるでおこっているような顔をして、申請手続きの予約をして！と、伝えた。

2010年、16歳のフランシアは、国際子ども平和賞を受賞しました。

子どもの権利を理解しよう

安全な場所で暮らす権利

　親とはなれることがあなたの最善の利益でないかぎり、あなたの意思に反して、親から引きはなされてはなりません。家族に世話をしてもらえない子どもはだれでも、特別なケアと保護を受ける権利をもっているのです。家族と住むことのできない子どもが安全に暮らせるように、政府は助けなくてはなりません。その子が養子や里子として育てられる場合も、その子の文化や言語や宗教が尊重されることを保証し、定期的に審査しなければなりません。難民の子ども、路上で生活する子ども、人身売買や誘拐されて外国に連れ去られた子どもにも同じようにしなければなりません。もし、あなたが親とはなればなれになったら、政府が再会の手助けをしなければなりません。

（子どもの権利条約第9条、10条、11条、20条、21条、22条、25条、35条より）

安全な場所で暮らす権利って？

　すべての子どもは、成長に必要なものがそろっている家庭で育つ権利があります。なぜならそのことが、健全な子ども時代と、よりよい人生のチャンスをあたえてくれるからです。安全で安定した家で育つことは、健康や教育といったほかの権利にもつながります。ホームレスの子どもや、スラム街、難民キャンプ、路上、施設などで生活する子どもは、危害や虐待を受けやすくなります。これらの子どもたちは、子どもの権利を行使して、本来あるべき姿に成長、発達することが非常に難しくなります。

　「ホームレス」「難民」「移民」「里親制度」——自分の生まれた家族とはなれて親せきや里親と住んでいたり、養護施設で暮らしていたりすること——は、あなたの一時的な状態で、あなたのすべてではありません。本来のあなたの姿、つまり、あなたの個性、スキル、知識などを反映するものではないのです。

でも現実は？

難民と移民

　移民や難民への差別の多くが、人種差別や外国人嫌悪によって起こります。政治家が、社会や経済の問題の責任をなすりつけようとスケープゴートに仕立て上げ、差別が助

長されることもあります。SNSやTVや新聞などで、共有されたりくり返されたりする憎悪（ヘイト）の言葉が、虐待や暴力にまでつながることもあるのです。

　難民とは、通常、戦争や紛争や迫害からのがれるために祖国をはなれなくてはならなかった人びとです。しかし近年では、気候変動が引き起こす大洪水のような災害のせいで、家族やコミュニティ全体が打撃を受け、故郷をはなれざるを得なくなる場合もあります。祖国の状況が非常に危険なら、すぐに家にはもどれません。そんなことが起きたら、あなたには、ほかの国に保護を求める**（庇護希望者）**という、普遍的な人権があります。2020年には、世界全体で少なくとも1,000万人の子どもの難民がいました。

　暴力や紛争によって家を追われたものの、自分の国に留まっている人を**国内避難民**と言います。2019年には、世界に少なくとも1,700万人の国内避難民の子どもがいました。

　移民は、難民とはちがって、祖国を出ることを自分で「選んだ」のだからいつでももどれる、と誤解している人が多くいます。しかし現実は、祖国で生きることに絶望して、危険をおかして国を出る人たちが多いのです。その理由として、極度の貧困や飢餓、医療や教育を受けられないことや、仕事がないこと、環境危機、犯罪の多発、ギャングによる暴力、強奪、誘拐、武装集団への強制徴用などがあり

84

ます。DVや性的虐待やレイプからにげる少女もいます。

　もし、あなたが家族とはなればなれになった難民や移民の子どもなら、特に人身売買やそのほかの被害にあいやすいため、特別な保護を受ける権利があります。

路上で生活する子どもたち

　生きのびるために路上で暮らしたり、働いたりしなくてはならない子どもは、何百万人もいます。貧困、親や保護者との関係の破綻、身体的・性的な虐待からのがれるため、メンタルヘルスの問題、薬物乱用など、理由はさまざまです。自分の面倒を自分でみなくてはならないし、大人のような責任を負わされる場合もあります。そして、路上で生活していると、さまざまな暴力や搾取や虐待を受けやすくなります。

施設で暮らす子どもたち

　健康と安全のために、必要な場合にかぎって、子どもは養護施設などの保護施設に入れられます。親にメンタルヘルスや薬物乱用、依存症、養育放棄（ネグレクト）という問題があったり、身体的虐待を受けていたりする場合などです。政府からの支援が不足していたり、さまざまな複雑な理由で、親があなたの世話をできなくなっていたりする

子どもの権利を理解しよう

場合もあります。

　少なくとも世界で270万人ほどの子どもが施設で暮らしています。すべての国が正確な記録を取っているわけではないので、実際の数はもっと多いでしょう。

権利のための闘い

行動を起こした　グラスゴー・ガールズ

　グラスゴー・ガールズは、6人の女子高校生のグループです。友人が強制送還されるのを阻止するために、法律を変える運動をしました。2005年、スコットランドのグラスゴーに住んでいた、コソボのロマで難民の当時15歳のアグネサ・ムルセラージとその母親が、明け方の家宅捜査によって拘束され、強制送還すると告げられました。

ドラムチャペル高校のアグネサの友人6人は、このことにおこり、強制送還を止めるための嘆願書をつくりました。この運動は、未成年者に対する明け方の急襲と強制収容の中止を求める運動へと発展し、6人の少女たちは、スコットランド議会に嘆願書を提出しました。人びとの大きな賛同を得て、6人はスコットランド・キャンペーン・オブ・ジ・イヤー賞を受賞しました。

グラスゴー・ガールズは、アグネサの強制送還を阻止することに成功し、5年後には最終的な勝利を手にしました。イギリス政府が、不意の家宅捜査と未成年者拘置所への子どもの拘束に終止符を打ったのです。

行動を起こした　バラクナマ新聞

「子どもたちの声」という意味のバラクナマ新聞は、2002年創刊のインドの新聞です。路上生活経験のある子どもたちが、記事を書いて編集をし、配布もしています。

子どもたちの平均年齢は14歳。新米記者には、経験豊富な先輩記者が指導します。この新聞の目標は、路上生活者の子どもへの人びとの見方を変えることです。そのために、子どもたちのアイデンティティ、尊厳、声を上げる権利を主張しています。

この新聞は8ページで、路上生活の子どもたちが直面する問題、たとえば性的虐待、児童労働、警察による残忍な

子どもの権利を理解しよう

行為などについてほり下げるだけでなく、希望と前向きな
変化の物語ものっています。

　バラクナマの功績のひとつに、路上生活者の子どもたち
が無理やり鉄道事故による死体を回収する作業をさせられ
ているという記事があります。この記事は注目を浴び、多
くの人びとが抗議活動を起こした結果、警察は子どもの権
利保護国家委員会から懲戒処分を受けたのです。

危害から守られる権利

　　あなたには、拷問、残忍で非人道的
なあつかい、尊厳を傷つけられるよう
なあつかい、精神的、感情的、身体的
虐待、危険な労働、強制労働、麻薬・
覚せい剤、そのほかの搾取から守られ
る権利があります。政府は、あなたを
誘拐や人身売買から守らなくてはなり
ません。そうした虐待から回復するた
めのサポートを受ける権利もあります。

（子どもの権利条約第19条、32条、33条、35条、36条、37条）

危険から守られる権利って？

これは、あなたが他者から傷つけられたり、搾取されたりすることから守られる権利です。拷問、強制労働、児童奴隷は、決して正当化されることではありません。人を所有したり、売ったり、搾取したり、拷問したりする権利は、だれにもないのです。

でも現実は？

拷問

拷問とは、権力をもつ人が、特定の目的のために、他者に精神的・身体的な激しい苦痛をあたえることです。世界中で、政府による拷問が行われています。たとえ拷問が違法で、それによって得た情報に信ぴょう性がないとしても、権力をもつ者が自白を引き出し、情報を得たりするために拷問を行うことがあります。人びとに恐怖心を植え付けるために、拷問する場合もあります。政府が、警察官が拷問していないか捜査をおこたったり、むしろ積極的に拷問を奨励したりするようなら、政府も拷問に加担していることになります。

拷問とまではいかなくても、残酷で屈辱的で非人道的なあつかいや罰をあたえることは、どんな場合でも禁じられています。住居、健康、適正な生活水準といった、生きるために必要な権利をうばって、厳しい状況に追いこめば、

子どもの権利を理解しよう

それもまた、残酷で屈辱的で非人道的なあつかいと見なされます。

児童労働

子どもや若者が関わる仕事には、多くの種類があります。働くことを経験するのはよいことですが、それがあなたの教育や遊びや成長の権利をさまたげない場合にかぎります。家族の収入を助けるために働かなくてはならないこともあるでしょう。しかし、休けいのない長時間労働や、有毒な化学物質にさらされるような危険で有害な労働であってはなりません。

5～17歳までのおよそ1億5,200万人の子どもたちが、児童労働に従事しています。そのうちの3分の1の子どもは学校に行けず、教育を受けられません。有害物質にさらされるような危険な仕事についている場合もあります。児童労働者の数は、アフリカ（7,210万人）、アジアと太平洋地域（6,200万人）、南北アメリカ（1,070万人）、ヨーロッパと中央アジア（550万人）、アラブ諸国（120万人）です。

多くの子どもは、週に43時間以上働いています。また、人種、性別、宗教、階級やカーストにもとづく差別が、児童労働を悪化させている可能性もあります。

世界の大企業の中には、インドネシアのパーム油を使った食品や化粧品、そのほかの産物を販売しているところがある。パーム油農園ではわずか8歳の子どもが、有毒な農薬が使われる危険な環境で、安全装備もつけずに働かされている。健康や教育に深刻なダメージをあたえる、過酷な仕事だ。

2016年、父親を助けるために退学した少年が、8歳から2年の間、朝6時に起きて働いたと、アムネスティに訴えた。週6日、毎日6時間、パームヤシの実を集めて運ばされたのだ。アムネスティが抗議し、その企業は子どもの権利を守って、児童労働をなくすための措置を講じることになった。

コンゴ民主共和国では、何千人もの子どもがコバルト採掘に使われている。コバルトは携帯電話やノートパソコンや、そのほかの携帯電子機器の電源に使用される鉱物だ。採掘には単純な手工具が使われ、地中深い坑道から岩石をほり出すため、事故がよく起こる。また、コバルトには毒性があるので、長時間さらされると命に関わるが、通常、マスクなどの保護具があたえられることはない。

9～11歳まで採掘所で働いたアーサー少年は、「パパは失業中、ママは石炭を売っていた。ふたりにはぼくの食べ物や洋服を買うお金がなかったから、ぼくが採掘所に働きに行ったんだ。」と話した。

子どもの権利を理解しよう

強制労働と奴隷制

　強制労働とは、罰則やおどしからにげることができず、自分の意思に反して働かされることです。世界には強制労働をさせられている子どもがおよそ550万人もいます。特に、建設業、農業、漁業、家事労働、鉱業、性労働に多く見られます。また、違法ドラッグの製造や販売の標的にされることもよくあります。家族がはらうのに何年もかかる、あるいははらいきれない借金をかかえていて、返済のために子どもが強制的に働かされることも多く起こります。

　これを**借金による束縛**と言います。強制労働は児童奴隷制のひとつの形態で、借金による束縛も児童奴隷のひとつと言えます。

　児童奴隷には次のようなものがあります。性的搾取、強制結婚、家事労働（家庭内奴隷。過酷で強制的な掃除、料理、子どもの世話など）、工場や農場での強制労働、犯罪行為の強制（物ごい、ぬすみ、薬物（大麻）農場での労働、違法薬物の配達など）。世界にはおよそ1,000万人もの子どもの奴隷がいます（p.96を参考に）。

　児童**人身売買**とは、児童が売り買いされることで、通常、国内で行われます。強制労働や性的搾取の目的で人身売買される被害者の3分の1が子どもです。男の子も女の子と同じように売買されます。法的な身分証明書のない子どもや、家族のいない子どもがもっとも被害者になりやすいの

ですが、人身売買はだれにでも起こり得ることです。人身売買の業者は、子どもがよく知る友人や家族の場合もあります。業者は年間1,500億米ドルかせいでいて、一大ビジネスなのです。しかし、子どもの権利への侵害であり、被害にあった子どもの精神的・身体的健康に生涯影響をあたえ続けます。

> アメリカ労働省開発のアプリ「Sweat &Toil」によって、世界中の児童労働や強制労働の記録が確認できる。このアプリで児童労働のデータを見て、児童労働や強制労働によって生産された商品を特定できるので、倫理的な買い物ができるようになるのだ。子どもの労働力の搾取によって製造された商品の需要を低下させる効果もある。

子どもの権利を理解しよう

権利のための闘い

行動を起こした　イクバル・マシー

　パキスタン人の少年イクバル・マシーは、5歳のときに「借金奴隷」になりました。家族がじゅうたん工場主から借金をしたためです。借金を返すために、イクバルは工場の劣悪な環境で長時間働かされ、なぐられることもしばしばでした。

　イクバルは10歳のときににげ出し、元児童奴隷のための学校、BLLF（Bonded Labour Liberation Front）School

93

に入りました。人権について知識を得たイクバルは、児童搾取に反対する活動家になりました。危険をかえりみずに工場に忍びこんで、そこで働く子どもたちと働き方について話をしました。BLLFは、パキスタン各地の企業やイベントでイクバルに講演をさせて、奴隷労働者たちににげるよう呼びかけさせました。広く名前を知られるようになったイクバルは、地域社会を支配していたビジネス・マフィアから殺害予告を何度も受けるようになります。さらにイクバルは他国も訪れて、児童奴隷についての認識を高め、子どもたちの解放を求めるようになり、1994年に人権賞を受賞しました。

　悲しいことに、1995年、まだ12歳だったイクバルは殺害されました。犯人は裁かれていません。
　イクバルは、死後に世界児童賞を受賞しました。そして、2009年には、アメリカ下院議会が児童労働撤廃のための「イクバル・マシー賞」を設定し、貢献者に毎年授与されることになりました。かれは亡くなった後も、こうして立派な遺産を遺したのです。

行動を起こした　モーゼス・アカトゥバ

　2005年、ナイジェリアの16歳のモーゼス・アカトゥバは、高校の入試テストの結果を待っていたとき、突然ナイジェリア軍に逮捕され、手をピストルでうたれ、なぐられまし

た。近くで起きた携帯電話3台の窃盗事件の犯人だと疑われたのです。

モーゼスは犯行を否定しましたが、ひどい拷問を受け、事実と異なる自白調書に無理やり署名させられました。

子どもの権利を理解しよう

8年間の服役後、モーゼスは絞首刑を宣告されました。しかし、事件当時、まだ子どもであったこと、そして拷問によって引き出された「自白」は法廷では証拠と認められるべきではない、という2つの理由から、この宣告は違法とされました。

服役中、モーゼスは刑務所でサッカーチームのコーチをして、みんなが希望を持ち続けられるようにはげましました。死刑囚として服役している間に、アムネスティのWrite for Rights（権利のために手紙を書こう）というキャンペーンで、モーゼスが紹介されると、連帯を示す80万通もの手紙とカードが世界中から届きました。多くの若者をふくむ活動家たちが、各国のナイジェリア大使館の前でモーゼスのためにデモをしました。さらに、かれらはナイジェリア政府に、死刑の減刑と、拷問について公的な調査をするよう求めたのです。

その成果があって、モーゼスは2019年に釈放されました。

> ぼくは心を打たれた。この状況を乗り越えさせてくれたアムネスティ・インターナショナルと、世界各地の活動家のみんなが、ぼくのヒーローだ。感謝しているよ。ぼくのために示してくれたみんなのすばらしい努力を、けっしてむだにはしない。ぼくも人権活動家になって、人びとのために闘うと約束する。

身体について自分で決める権利

あなたには、性的虐待や人身売買、女性器切除（カッティング）、強制児童婚から守られる権利、そして回復のための支援を受ける権利があります。自分の身体、健康、生活について情報を得て、自分で決める権利があります。

(子どもの権利条約第11条、19条、34条、37条より)

身体の権利って？

あなたの身体は、あなたのものです。あなたの同意なしに、あなたの身体に何かをする権利はだれにもありません。

あなたには、あらゆる性暴力——レイプ、女性器切除（カッティング）、強制妊娠、強制中絶、強制避妊——から守られる権利があります。こうした虐待のほとんどは、ジェンダー不平等から生じ、それを永続化させるものであり、そしてすべて禁止されていることです。

　あなたには性と生殖に関する権利もあります。自分の身体、性、健康、人間関係について、正確な情報を得て、決定する権利があります。性的同意年齢は、国や州によってちがうかもかもしれません。性に関する主体性というあなたの権利には、性交を同意したり拒否したりする権利だけでなく、あなたの決定が尊重される権利もふくまれます。

　また、あなたの**性的指向**はあなたが決めるもので、他人が決めるものではありません。避妊、HIVをふくむ性感染症の検査と治療に関する医療サービスを受ける権利もあります。こうした選択は、おどしや暴力を受けたり、差別されたりせずに、あなた自身に決める権利があるのです。

　子どもの権利条約第39条には、権利の侵害から回復する権利について述べられています。あなたには、回復のためのサポートを受ける権利もあるのです。

子どもの権利を理解しよう

性的同意年齢は国よってちがうが、ほとんどの国が、大人に16歳や18歳未満の子どもとの性行為を禁じている。ナイジェリアの性的同意年齢は11歳で、おそらく世界一低い。しかしナイジェリアでも州によっては18歳のところもある。ジェンダーや性的指向によって法律が異なる国もある。

でも現実は？

　性的同意年齢に達していない性行為に、厳しい罰則を設けている国もあります。たとえばヨルダンの刑法では、性交をした18歳未満の人は犯罪者と見なされます。12～18歳の少女が婚外性交渉をもつと、「更生センター」と呼ばれる監獄に収監されることがあります。 そのひとつアルカンザ少年院に送られる少女の多くは、レイプや性的暴行の被害者です。妊娠した場合、安全に中絶を受けることができず、無理に子どもを取り上げられることがよくあります。少女たちは屈辱的ないわゆる「処女テスト」を受けさせられることがありますが、これも国際法違反です。

性暴力からの保護

　世界保健機構（WHO）は、毎年１億5,000万人の少女と7,300万人の少年が性的暴行を受けていると推定しています。そして、世界中でおよそ1,000万人の子どもが、性的搾取されています。ほとんどの子どもは、屈辱感を抱き、

差別されるのをおそれて声を上げようとしません。自分の方が責められるのではないかとおそれるのです。その一方で、犯罪者は、性的奴隷として子どもを人身売買することで大きな利益を得ています。

　性被害に苦しむのは少女たちの方が圧倒的に多く、世界中で毎年1,400万人の10代の少女が出産しています。そして、その多くはレイプや望まない妊娠です。2014〜2017年の間、自らをイスラム国（IS：イスラミック・ステート）と呼ぶ武装集団が、イラクの宗教少数派であるヤジディ教徒たちに対する戦争犯罪と人道に対する罪を犯しました。
　ISはヤジディ教の子どもたちを拉致し、奴隷にし、拷問し、レイプし、強制的に戦わせました。9歳以上の多くの少女がレイプによる妊娠で出産しました。生きのびて家に帰っても、ヤジディ・コミュニティの文化や宗教的なタブーのために、赤ちゃんを手放さなければならず、少女たちは激しい苦しみを味わいました。

　多くの国で、少女が妊娠すると、ひどい恥辱と差別を受けます。強制的に結婚させられたり、退学させられたりすることもよくあります。すべての少女が、医療や安全な中絶を受けられるべきですが、実際には、法律などさまざまな障壁があり、難しいのが現状です。思春期の妊娠ははずかしいことと思われているため、適切な医療環境ではないところで、訓練すら受けていない人から、危険な中絶手術

子どもの権利を理解しよう

を受ける少女も多くいます。それには、大きなリスクが伴います。

世界中で、妊娠合併症が15〜19歳の少女の死亡原因のトップとなっています。

> 2015年、西アフリカのシエラレオネ政府は、妊娠した少女が学校に来たり試験を受けたりするのを禁じた。これは彼女たちの教育の権利の侵害であるだけでなく、ネガティブなジェンダー規範を強化するものでしかない。そのために行われた屈辱的な身体検査も、彼女たちの身体的自主決定権とプライバシーの侵害にあたる。5年間にわたる反対活動の末、2019年にこの禁止令は廃止された。

26の国が中絶を違法としている。近親相姦やレイプの結果の妊娠であってもだ。39の国では、母体の命を救う目的でないかぎり中絶は認められない。2010年、継父にレイプされて妊娠した10歳のパラグアイの少女は、自分の心身の健康に深刻なリスクがあるにもかかわらず、強制的に妊娠を継続、出産させられた。

女性器切除

女性器切除（FGM）はカッティングとも呼ばれるもので、少女の女性器の一部や全体を切除したり傷つけたりする、暴力的な処置です。その目的は、女性の性的感情を抑圧し、性的な快楽を感じさせなくすることです。多くの場合、切

除は思春期前の４〜８歳までの女児に行われますが、赤ちゃんに行われることもあります。女性器切除は非常に危険で、感染症や大出血を起こし、死に至ることもあります。不妊や、のちに妊娠や出産時に合併症が起きる場合もあります。いまだに、主にアフリカの北東部、東アフリカ、西アフリカの地域で行われていますが、中近東、東南アジア、ヨーロッパでも見られます。女性器切除は条約によって全面的に禁止されていますが、WHOの推定では、世界で２億人の女性が女性器切除の被害を受けています。

一方、男性の割礼は、男児の陰茎から包皮を取り除く処置で、通常ほとんどリスクがありません。医学的な理由で行われることもありますが、多くの場合は、宗教や文化的伝統として行われています。医学的に必要のない割礼の有効性を問題視する人もいます。

> 西アフリカのブルキナファソ国では、少女の75％に女性器切除が行われている。シエラレオネではその率はさらに高く88％にものぼる。ブルキナファソ、セネガル、シエラレオネなどの国では、30〜50％の少女が18歳になるまでに強制的に結婚させられていて、早期妊娠や早期出産が、これらの国の思春期の少女の主な死因となっている。

強制的な児童婚

早期の強制的な結婚（児童婚とも言う）は、18歳未満の子どもを強制的に結婚させることで、多くの場合、少女

がずっと年上の男性と結婚させられます。少女には同意も断ることもできないため、児童婚は性暴力のひとつだと言えます。初めての性行為は強制的なことが多く、さらに児童婚は虐待やＤＶとも強い結びつきがあります。

　毎年、少なくとも1,200万人の少女が18歳以前に結婚しています。１分に28人の割合です。通常すぐに子どもを産むことが求められますが、若年妊娠では合併症のリスクが高くなります。また、学校を中退させられることが多く、教育が制限されるので貧困からぬけ出せなくなります。強制的な児童婚は、自分の人生を決める権利をうばってしまいます。

> イエメンでは、少女の９％が15歳未満で結婚していて、その多くが思春期前に学校を退学させられている。イエメンは中東でもっとも貧しい国で、戦争（p.109）によって、人びとはさらに貧困と絶望へと追いやられた。強制的な児童婚は、家計の負担を減らすひとつの方法と見なされている。

> 西アフリカのブルキナファソに住むマリアは、13歳のとき、すでに５人の妻のいる70歳の男との結婚を父親に強要された。拒絶すれば殺す、とまで父親に言われたのだ。マリアは小学１年生を終了することも、ふつうの子ども時代をすごすこともかなわなかった。結婚３日後にマリアはにげ出し、強制児童婚の被害者センターにたどり着くまで、3日以上歩き続けた。

　数は少なくても、男の子も影響を受けています。少女の場合は５人に１人の割合ですが、世界で30人に１人の少年

102

が18歳未満で結婚しています。少年も児童婚によって、大人と同じ責任を負わされます。早く父親になり家計を支えるプレッシャーが生じるので、教育やキャリアがさまたげられることになります。

子どもの性的人身売買

　子どもの人身売買は、性的搾取や強制結婚など、さまざまな形で行われています（p.88）。これは犯罪者に莫大な利益をもたらす世界的な犯罪事業で、子どもに対するもっとも深刻な人権侵害です。人身売買は現代の奴隷制のひとつの形態で、世界中で行われています。もっとも多い人身売買の形態は国によって異なっており、たとえばフィリピンでは年間6万〜10万人の子どもが、家事手伝いやエンターテイメントのサービス業だとだまされて、主に観光地での性労働に従事させられています。

　子どもの人身売買は、ほとんどの場合、友人や家族や恋人のような、すでに知っている人によって行われます。ジェンダーによって人身売買の目的が異なり、少女は強制的な児童婚や性的搾取のために、少年は強制労働のために行われることが多く、また、トランスジェンダーやノンバイナリーの子どもは、性的搾取の目的になりやすい傾向があります。性的人身売買は犯罪者には非常に大きな利益をもたらしますが、被害者は何も得られません。

子どもの権利を理解しよう

103

児童を性的に虐待するようすのライブ配信も広く行われています。小児性愛者（ペドフィリア）が地域の人身売買者や、子どもの家族に報酬を支払うのです。極度な貧困や教育の欠如が、そのような児童虐待の原因となることがよくあります。

　もし、あなたが身体的・性的な虐待を受けているのなら、p.180の「はじめの一歩」を参考にしてください。あなたの権利が他者によって侵害されているのであって、それは決してあなたのせいではありません。

> 人身売買との闘いにテクノロジーが多く活用されるようになった。Tech Against Trafficking（人身売買と闘うテック）連合は、テクノロジー企業と世界の専門家が手を組んだプラットフォームだ。WeProtect（私たちが守る）は、ネット上の子どもの性的搾取をなくす目的で英国政府が主導し、多くの国やテクノロジー企業や**市民社会**組織に支えられている。INTERPOL Specialists Group on Crimes Against Children（国際刑事警察機構の児童に対する犯罪の専門家グループ）、Virtual Global Taskforce to Combat Child Online Exploitation（子どものオンライン搾取と闘う世界バーチャル部隊）といった国際的なプラットフォームもある。

性と生殖に関する権利

　多くの虐待は、ジェンダー不平等、貧困、そして権利を理解していないことによって引き起こされます。包括的性教育の欠如によって、状況はさらに悪化します。教育の機会がないと、女性器切除（カッティング）、強制的な児童婚、若年妊娠、などのリスクはずっと高まります。また、性や恋愛について話すことがタブー視され、性と生殖に関する教育が行われないと、それらのリスクはさらに高まります。また、インターネットの無防備な使い方も危険です。

包括的性教育（CSE）について、ユネスコ（UNESCO：国際連合教育科学文化機関）は、「年齢相応の文化的に適切な性と人間関係の教育へのアプローチで、科学的に正確で、現実的、かつ批判的ではない情報を提供する」と説明している。包括的性教育は若者の意思決定能力の向上と、「意図しない妊娠、暴力や虐待、ジェンダーにもとづく暴力の防止」に役立つことがわかっている。

　あなたの性と生殖に関する選択が、家族や宗教によってなされてしまうことがよくあります。政府や関係当局にはあなたの権利を守る義務がありますが、政府によっては、文化や伝統や宗教を理由にして、あなたにとって有害な選択が推進される場合もあります。性と生殖に関する権利の教育を制限したり、あなたの身体についての権利を支配しようとしたりする可能性があるのです。

子どもの権利を理解しよう

105

権利のための闘い

行動を起こした　ニコル・デラ・クルズ

　ニコル・デラ・クルズは、ペルーのMANTHOCという、児童労働についての権利と社会正義を守る団体のメンバーです。ニコルは、ペルーの首都リマ郊外の貧しい地域で育ちました。ペルーでは若者の性について話すことがタブー視されているため、多くの10代の少女が妊娠した結果、差別によって学校を退学せざるを得ませんでした。

　2016年、14歳のニコルは、MANTHOCとアムネスティが主催した、性と生殖に関する権利教育プロジェクトに参加しました。ニコルはトレーニングを通して、権利につい

て若者に教え、学校で包括的性教育を推進するための方法を学びました。

このプロジェクトは、ペルーの保守的な社会から多くの反発にあいましたが、ニコルはこう反論しました。

若者に、自分と自分の身体を守ることを教えるのはとても重要です。私は、女性が服従させられたり、虐待されたり、殺害されたりする社会には住みたくない。私たちが、尊敬と尊厳と連帯感をもって社会で生きていくことを望まない人たちがいるなんて、理解できない。幼いときから、すべての人を尊重するように教えられて、包括的な性教育を受けられ、権利を侵害されないようにしてほしい。

行動を起こした　ケニアの5人の少女

ケニアでは、女性器切除は違法ですが、現実には4分の1の女性と少女が女性器切除を受けています。

2017年、ケニアの5人の10代の少女が、「iCut」という画期的なアプリを開発しました。女性器切除をされそうになった少女がクリックすることで、当局に通報が行くというアプリです。5人の少女たち、マクリン・アキニ・オンヤンゴ、ステイシー・ディナ・アディアモボ、シンシア・アウオー・オティエノ、ピュリティ・クリスティン・アチ

ング、アイヴィ・アキニは、ドーカス・オウィノの指導を受けて、自らを「The Restorers（修復者たち）」と名乗ることにしました。

　このアプリのおかげで、女性器切除による差別がある程度克服されるようになり、女性器を切除された少女たちへの情報源としても役立ちました。

武力紛争から守られる権利

あなたには、生きる権利、生きのびる権利、そして成長する権利があります。これらは、武力紛争から守られる権利です。もし被害にあって傷ついたり、ひどいあつかいを受けたりしたら、あなたは適切な支援を受ける権利があります。年齢に達していない子どもは、武力紛争や敵対行為に参加させられてはいけません。

（子どもの権利条約第6条、37条、38条、39条、選定議定書1より）

武力紛争から守られる権利って？

この権利は、生命、生存、および発達に対する権利という、子どもの権利条約の基本原則を支えるものです。子どもの権利条約には、「子どもは武力紛争から守られなくてはならない」と書かれています。決して戦うことを強制されてはいけません。そして、あなたが子ども兵士なら、トラウマから回復するための特別な支援を受ける権利があります。

子どもの権利を理解しよう

でも現実は？

　子どもたちは、人類の歴史を通して戦争から深刻な影響を受けてきました。今でも武力紛争は世界にあふれています。その原因は複雑ですが、ほとんどの場合、貧困や不平等と関連しています。

　どの政府にも、国の法律に従って自国の安全を管理し、公共の安全を確保する権利と責任があります。そのために、国の軍隊や保安部隊が武器を使うのは正当なことです。しかし、武器の売買をする者は、武器の安全な輸送と保管を保証し、悪者の手に渡らないようにしなくてはなりません。政府は、個人が所有する武器が不正に流通しないよう管理しなくてはなりません。

　世界中の武力紛争を可能にしているのは、国際的な武器取引です。2014年の国際条約、ATT（武器貿易条約）によって、人権に重大な危害をあたえる状況では武器の供給は行ってはならない、とされました。しかし現在でも、武器貿易はおそろしいほど規制されていません。そのため、違法や無責任な武器取引がさかんに行われ、ATTや国連の規則が無視されています。

　毎分20人が、戦争や武力紛争によって家を追われています。子どもたちは負傷したり、殺害されたり、孤児になっ

たりしています。学校や病院も爆撃の標的となります。多くの子どもたちが戦いにかり出され、多くの国で、レイプ、強制婚、誘拐などが行われています。

> 2020年までに、イエメンの紛争で何万人もの子どもをふくむおよそ10万人が、暴力や飢えや病によって命を落とした。サウジアラビアとアラブ首長国連邦の率いる連合軍が、空爆など多くの攻撃を行ったのだ。これは、21世紀最大の人道的大参事のひとつだと言われている。この紛争も武器貿易によって支えられていた。アメリカやイギリスやそのほかの国でつくられた爆弾が、サウジアラビアとアラブ首長国連邦に売られたことが、イエメンの人びとの死を招いたのだ。

子どもの権利を理解しよう

子ども兵士

　子ども兵士とは、武力紛争で戦う18歳未満の若者のことです。常時、世界のどこかの紛争で、30万人もの子ども兵士が戦っているとされています。さらに何十万人もの子どもたちが、武力勢力の一員となっていて、いつ戦争にかり出されるかわかりません。子ども兵士のほとんどは、15～18歳ですが、10歳ぐらいから武装勢力の勧誘が始まります。もっと幼い子ども兵士がいることも記録されています。

　子どもたちが兵士になる理由はさまざまです。無理やり徴集され、学校やコミュニティから引きはなされることも

111

あれば、軍隊が安全、あるいは衣食住が保証されると思って自発的に入る子どももいます。家族や友人が紛争に巻きこまれたり、殺されたりした場合は、自分にとって戦うことが唯一の選択肢だと思うのかもしれません。しかし、戦闘は子どもや若者に大きな影響をあたえるものです。負傷や、心身に回復不能の障害を負うかもしれませんし、暴力を目撃したり、暴力に参加したりすることは大きなトラウマになります。戦争や紛争の終結後には、十分なカウンセリングやサポートが必要になりますが、そういう支援はめったに受けられません。

> ナイジェリア北東部で2013年5月ごろ、武装集団ボコ・ハラムとナイジェリア軍との間に紛争が起き、双方が子どもに暴力をふるった。ボコ・ハラムは、くり返し学校を襲撃し、残虐行為を行ったり、多くの子どもたちを誘拐して、兵士にしたり、兵士の「妻」にしたりした。ナイジェリア軍は、ボコ・ハラムからにげた子どもたちを、不法に非人道的な環境に投獄し、なぐったり、大人の受刑者に性的虐待をさせたりという暴力を、さらにふるったのだ。やっとのことで故郷に帰れた子どもたちにも、心身の回復や復学の支援はあたえられなかった。

銃暴力

　銃暴力とは、ピストル、ショットガン、ライフル、マシンガンのような武器による暴力でのことで、戦争を意味す

るものではありません。銃による暴力を止めようとしない政府は、子どもの権利を守っていないことになります。

　戦争が起きていなくても、政府が銃を簡単に手に入れることを許していれば、子どもの人生に破壊的な影響をあたえかねません。貧しい地域に住んでいる場合は特にそうです。1791年に成立したアメリカ合衆国憲法修正第２条では、武器を保有し携帯する権利を市民にあたえています。武器が簡単に手に入ることと、ゆるい規制のせいで、毎年３万9,000人が銃で殺害されています。毎年1,400人のアメリカの子どもたちが、銃による暴力で命を落とし、平均5,790人の子どもが、銃暴力による傷害で緊急治療を受けています。
　子どもの犠牲者のほとんどは、黒人やマイノリティのコミュニティの子どもです。銃による不慮の死や子どもの自殺は、銃の安全かつ確実な保管を義務付ける法律によって防ぐことができるはずです。しかし、アメリカ50州中23の州がこの法律を制定していません。

　世界中の都市で、若者による銃暴力と密接な関係があるのは、若者の恐怖心、国から守られていないため自衛が必要、長年の差別による警察への不信感、仲間から尊敬や承認されたい欲求、などです。さらに、貧困や不平等によって弱い立場に置かれると、犯罪集団の格好のえじきになります。
　ギャングや組織犯罪者などをふくむ銃暴力のせいで、世界で毎日500人以上もの人が命を落としています。

子どもの権利を理解しよう

113

- 2012〜2016年の間に、世界中で銃によって死亡した人は140万人に上る。
- アメリカでは、1999〜2016年の間に、乳幼児をふくむ25,000人以上の子どもが銃によって殺害されている。

権利のための闘い

行動を起こした　BRAVE

> シカゴは大好きな街だけど、毎日が「サバイバル」だから日常生活を送るのも大変。
> BRAVEに入ったのは、最高の決断だった。地域社会だけでなく、シカゴ全体、そして国を変えることだってできるというはげみになった。それに、みんなが知らなかった私の一面を引き出してくれた。
>
> （ジャネイヤ・アルフレッド、16歳）

　アメリカの都市シカゴは、銃による暴力の発生率がとても高く、多くの子どもがその犠牲になっています。2020年前半だけで440件もの殺人事件があり、10歳未満の24人の子どもが撃たれ、そのうち5人が亡くなりました。被害者家族の受けた衝撃は計りしれません。

　2008年にシカゴ南部の聖サビナ・カトリック教会を通

じて、6〜24歳までの若者による平和プログラムが作成されました。

「Bold Resistance Against Violence Everywhere!(すべての暴力への大胆な抵抗)」の頭文字から「BRAVE（勇気）」と名付けられました。

2009年には、暴力防止青少年委員会の「BRAVE若者のリーダー」が結成され、ピースメーカー（＊仲裁者）になる訓練を仲間や指導者たちと受けられるようになりました。そこでの、リーダーシップ、ピアサポート（＊仲間同士の助け合い）、演説・スピーチの仕方、目的のための活動なども、変化を起こす機会となりました。この放課後に行われるプログラムによって、若者は日常的な銃暴力や社会不公正という現実と闘えるようになったのです。BRAVEの若者たちは、シカゴ内外の集会やデモ行進や討論会に参加して、発言しています。

子どもの権利を理解しよう

銃による暴力は日常なんだ。だから、それがふつうだと思うしかない。でも、だれも気にもしないなんて最悪だよ。もう慣れ切っているんだ。銃暴力が生活の一部、日常、みたいにね。でも、ぼくはBRAVEのおかげで、声を上げられるようになった。この問題だけでなく、性的人身売買、ひとり親家庭、家庭内虐待、うつ病という、だれも何も言おうとしない問題についても、感じたままに意見が言えるようになった。
BRAVEはどんな問題でも話せる安全な場所だ。話してはいけないことなんかないんだ。
BRAVEは、ぼくを支えて、守ってくれる基盤になった。　　　　　（ゲイブリエル・カイザー、15歳）

行動を起こした　ムハンマド・ナジェム

　2017年、15歳だったムハンマド・ナジェムは、シリアの武力紛争を記録し始めました。きっかけは、父親がモスクで礼拝している最中に空爆で殺されたことです。

　ムハンマドは、住んでいるイースタン・グータ村がシリア政府（軍）に包囲されたときの激しい暴力と、村人の苦悩も目の当たりにしました。ムハンマドは、今、何が起きているかを世界に知らせようと決意し、SNSを使って英語で状況を伝え、インタビューを行ったり、戦場での生と死

の日々を記録したりしています。爆撃が止むたびに、兄といっしょに急いで屋根にかけ上がり、Wi-Fiを使って、映像をアップロードしました。

やがて、ムハンマドと家族は逃亡を余儀なくされましたが、最終的にトルコに難民として受け入れられました。ムハンマドはトルコからも、シリアに残っている知人を通して、戦争犯罪と人権侵害について報道を続けています。

子どもの権利を理解しよう

行動を起こした　イシュメル・ベア

イシュメル・ベアは、1980年に西アフリカのシエラレオネで生まれました。シエラレオネは、ダイヤモンドなどの天然鉱物が豊富な国ですが、12年続く内戦が1991年に始まり、紛争によって見る影もなくなってしまいました。

政府も反政府勢力も、安い労働力として子どもを強制的に徴兵し、徴兵に従わなければ殺しました。家族が子ども

を探しに来ないように、そして、子ども兵士の帰る場所をなくすために、子ども兵士を自分の家族の殺害や故郷の破壊に無理やり参加させたのです。これは一種の洗脳です。

こうして、子ども兵士たちは、もはや子どもではなく、暴力的な過激派としておそれられるようになったのです。

イシュメルは、12歳のときに家族が殺され、反乱軍の兵士たちからにげました。かれの世界は恐怖に満ちたものとなり、分刻みのサバイバルが人生のすべてになりました。

13歳で政府軍に徴用され、軍隊が新しい家族になりました。政府軍は、薬物や威圧的な手口を使って、残忍な行為が自分にもできると、イシュメルに思いこませました。

15歳のとき、イシュメルは救出されて、首都フリータウンのユニセフの子ども兵士更生施設に保護されました。

しかし、16歳になったとき内戦がフリータウンをおそい、イシュメルは難民としてギニアにのがれ、やがて、アメリカのアメリカ人家族の養子になりました。

それ以来、イシュメルは、いまだに戦争にとらえられている何千人もの子どもたちの人生を変えようと、声を上げるようになりました。そして2007年、ユニセフの初代「戦争で被害を受けた子どもたちのための擁護者」となり、翌年2008年には、NYPAW（Network of Young People Affected by War／戦争で被害を受けた若者のためのネットワーク）の共同設立者となりました。

行動を起こした
オルワトミシン・ジャズミン・オガヌビ

2015年、ナイジェリアの12歳のオルワトミシン・ジャズミン・オガヌビが、「My Locator」という位置情報アプリを開発しました。子どもや若者が故郷に帰れるようにするためのアプリです。

全国で増え続ける反政府活動と治安部隊による暴力行為が報告されていた時期に、このアプリは、若者たちが日常的にさらされている暴力の画期的な解決策(かいけつさく)のひとつになりました。ナイジェリアでは、ボコ・ハラムの武力紛争(ぶりょくふんそう)によって、親から引きはなされ、家に帰れなくなった子どもが3万人以上もいたのです。

スマートフォンに入れたこのアプリのボタンをこっそりおせば、子どもの居場所が家族や救急隊に知らされるようになりました。

子どもの権利を理解しよう

自分たちの権利を主張して、強く求める力があ
ることにもっと早く気づけばよかった。私の住
む地域では、人権が侵害されても、特に権力を
もつ人が「どうしようもないことだ」とウソを
ついたりすると、「自分の運命を受け入れるし
かない」と、人びとはすぐにあきらめてしまう。
長い間、洗脳されてきたからだ。

でも今はもうわかる。私の権利はゆずれないも
ので、どんな地位の人も、私の権利を否定する
ことなんてできないってことを。

そして、人のために声を上げたり、自分の権利
について知らない人たちに教えたりすることも
できる、連帯の力にも気がついた。

私は、みんなが自分の権利を知って立ち上がれ
るように、そして、すべての少女の味方となれ
るように、力をあたえ、はげまし続けたい。私
は、世界中の子どもたちと連帯して立ち上がる。

刑事司法と自由について

　あなたには、あなたの尊厳と価値を傷つけられないようあつかわれる権利があります。残酷で有害な方法で罰せられてはなりません。法的支援を受けながら、公正な審理を受ける権利があります。裁判官は、あなたの年齢とあなたに必要とされていることを考慮しなければはなりません。あなたの自由をうばうのは最後の手段であって、もっとも短い適切な期間にかぎられます。18歳未満で犯した罪について、死刑や仮釈放のない終身刑を宣告されてはなりません。あなたには、回復のための支援を受ける権利があります。

（子どもの権利条約第37条、39条、40条より）

子どもの権利を理解しよう

刑事司法と自由って？

　刑事司法と自由は、あなたと、あなたの子ども時代を守るものです。このふたつは、しばしばつながったり重なっ

たりするもので、子どもの権利条約の基本原則を明確に支えるものでもあります。(p.29)

　子どもの権利条約第40条は、規則や法律に反した子どもの権利についての条約です。この条約によれば、子どもは大人として裁かれるべきでなく、公正な裁判が保証されなくてはなりません。子どもが罪を犯したら、懲罰や報復ではなく、回復、更生、社会復帰に焦点を当てるべきであり、体罰を用いてはなりません。

　政府は、子どもの犯罪を防ぐために、貧困地域に力を注ぐべきです。この条約では、貧困や、心理的な問題を生み出したり悪化させたりする制度的な問題が、多くの子どもによる犯罪をもたらしているとしています。家出や不登校や路上生活をする子どもたちを、犯罪者としてあつかってはいけません。また、政府は過去に罪を犯した子どもへの差別を防ぐために、適切な支援や、社会復帰を手助けするべきです。

　さらに、この条約は、子どもから自由をうばってはいけないとしています。あなたの生命、生存、および発達に対する権利（子どもの権利条約の基本原則のひとつです）は、なくてはならないものです。もし、自由がうばわれたら、あなたの発達に甚大な影響が生じ、社会復帰のさまたげになります。そのため、第37条では、逮捕、拘禁（＊長期間

にわたって一定の場所にとどめること）、投獄といった**自由のはく奪**は、あくまで最後の手段として、もっとも短い適切な期間にすべきとしています。また、子どもを大人の犯罪者と同じ刑務所に入れることも禁じています。

でも現実は？

しかし、現実は大きく異なっています。子どもの権利条約第37条と40条に違反している政府は世界にたくさんあります。不登校や反抗、未成年飲酒などの軽犯罪でも、犯罪者としてあつかわれています。イランや南スーダンなど一部の国では、法律を犯した子どもを大人と同じようにあつかい、死刑、終身刑、**体罰**の判決を下しています。2020年時点で、アメリカでは、およそ2,500人が子どものときに犯した罪によって、仮釈放のない終身刑に服しています。

世界では、体罰に反対する運動も少しずつ高まっています。たたくなどの体罰から、大人と同じように子どもも守ろうとしています。2020年末までに、61か国が、家庭や学校やすべての場所での体罰を全面的に禁じるようになり、28か国が法律の改正を約束しています。

18歳未満で犯した罪は、成人として処罰すべきでないにもかかわらず、子どもが成人するのを待って判決を下す国もありますが、これは国際法で禁止されています。また、

子どもの権利を理解しよう

123

子どもの最善の利益のためでないかぎり、成人と同じ刑務所に子どもを収監することも禁じられています。

ほとんどの場合、子どもを刑務所に送る必要はなく、有害でもあります。不安障害、うつ、自死願望、**心的外傷後ストレス障害（PTSD）**につながり、思考力や判断力に悪影響をおよぼします。

毎年、世界の700万人以上の子どもが自由をうばわれていると推定されます。何らかの形で拘束されたり、収監や拘留されたりして、自由意志で出ることができません。そのうちの540万人ほどが（刑事施設ではない）施設に入れられています。中には未登録の施設もあって、子どもの多くが実際には孤児ではないのに入れられている「孤児院」もあり、保護対策が講じられていないため、子どもたちは危険にさらされています。

少なくとも41万人の子どもが、刑務所や裁判前の拘置所で拘束されており、そこには暴力が広がっています。さらに約100万人の子どもが、警察署のようなほかの刑事施設に拘束されています。刑事施設に収容されている子どもの大多数（94％）は男の子です。また、人種的・民族的マイノリティ、障害のある子ども、貧困状態の子どもは、刑務所や施設に収容される可能性が高くなっています。

少なくとも33万人の子どもが、単に移民や難民だというだけで、毎年80か国で入国管理局に収容されています。

親や家族から無理やり引きはなされた子どもも多くいます。このようなあつかいによって、子どもは、虐待やネグレクトを受けやすくなります。これも条約の完全な違反です。多くのケースは「残忍で、非人道的な、尊厳を傷つける」行為と見なされるあつかいをされています。

> 2018年、世界中の若者が、アメリカとメキシコの国境で家族から引きはなされ、不法におりに入れられた移民の子どもたちに、何千通もの連帯メッセージを送った。子どもたちの多くは、中米の自国の政府に守られず、迫害や暴力からのがれてきのだ。連帯メッセージは、一般の人たちにこの問題を知らせると同時に、収監された子どもたちに「あなたたちのことを忘れてはいない」と伝えた。タイ南部の10代の少女は「きっと自由が訪れるよ。あきらめないで。何があっても私たちはそばにいるよ」と、メッセージを送った。ベネズエラの子どもは、おりの中の犬の絵に「ぼくたちは動物じゃない」とメッセージをそえて訴えた。

子どもの権利を理解しよう

国連子どもの権利委員会は、犯罪責任の最低年齢を14歳に引き上げるよう、国々に奨励しています。成人年齢（ほとんどの国で18歳）に達するまでは、法的に子どもなので、成人として裁かれるべきではありません。子どもの能力は成熟するにしたがって向上し、行動の原因と結果がより理解できるようになるのです。

しかし、一部の国では、6歳の子どもさえ犯罪人あつかいするところがあります。「犯罪」行為と呼ぶものが、子

どもの発達段階にとってはまったく正常な行動であるにも
かかわらず。

> 2017年10月の時点で、マダガスカルでは785人の子どもが
> 刑務所に入れられていた。ほとんどが15～17歳だが、もっ
> と幼い子どももいた。アムネスティ・インターナショナル
> が訪れたある刑務所では、弁護士と面会したことのある子
> どもはひとりもいなかった。最年少は12歳の男の子で、ニ
> ワトリを盗んだ罪で捕らえられた３人の少年の１人だった。
> かれはその時点で、すでに１か月も収監されていた。

　その国の、刑事責任が問われる最低年齢にかかわらず、
18歳未満の子どもは、だれであっても児童司法の原則に
従って裁かれなくてはなりません。

国による刑事責任年齢のちがい

- オーストラリア：10歳
- ブラジル：18歳
- コンゴ民主共和国：最低年齢なし
- デンマーク：15歳
- イングランド・ウェールズ ：10歳
- インド：7歳（十分な理解力がない場合は12歳）
- イラン：女児は9歳、男児は15歳
- ナイジェリア：最低年齢なし
- ペルー：18歳
- サウジアラビア：7歳
- 南アフリカ：10歳
- タイ：7歳
- アメリカ合衆国：州によって6〜10歳

＊日本は14歳。

子どもの権利を理解しよう

行動を起こした　マガイ・マティオプ・ンゴング

　2017年、15歳のマガイ・マティオプ・ンゴングは、南スーダンで死刑判決を受けました。近所の少年とマガイがけんかをし、それを止めようとしたいとこをマガイが追いはらおうとして、父親の銃を地面に向けて発砲しました。すると、その弾がはね返って当たって、いとこが亡くなってし

まったのです。

裁判中、マガイには弁護士がついていませんでした。死刑判決は、国際法でも南スーダンの法律でも違法です。

アムネスティが、マガイのために運動を起こし、多くの子どもをふくむ76万5,000人以上の人が、南スーダン大統領に抗議メッセージを送りました。マガイは受け取った連帯のメッセージを、獄中でほかの子どもたちと共有しました。

2020年にかれの死刑判決はくつがえされましたが、いとこの家族が控訴し、ふたたび死刑判決を受ける可能性が出てきました。

マガイは獄中で劇的に変わり、自分を「アムネスティの大使」と呼ぶようになりました。人びとの連帯はかれの命を救っただけはなく、他者を助けるために、マガイは人権活動に一生をささげると決意したのです。

行動を起こした　ヴラディスラヴ・シャーコフスキ

　ベラルーシでは、数千人もの子どもや若者が、暴力をともなわない軽い薬物犯罪のために不法に投獄され、非人道的な環境で長期刑に服しています。

　2018年、17歳のヴラディスラヴ・シャーコフスキはテコンドーの選手で、オリンピックを目指すための学校を卒業しました。両親が失業したため、長い求職活動をして、やっと匿名のオンライン会社から宅配の仕事のオファーをもらいました。合法的なタバコを配達するのだと、くり返し聞かされていました。

　2週間後、ヴラディスラヴは「組織グループの不法薬物取引」の容疑で逮捕され、親も弁護士もいないまま警察署で一夜をすごしました。なぐられ、供述書を書かされ、携帯電話のパスワードを教えるよう無理強いされ、そして、非暴力的な軽微な薬物犯罪で懲役10年の判決（のちに9年に減刑）を受けたのです。それも、この件で起訴されたのはヴラディスラヴだけでした。オンライン会社の経営者の身元さえ、当局は捜査しようとしなかったのです。

　ヴラディスラヴの健康状態が悪化しても、獄中では必要な医療を受けられませんでした。2019年9月、アムネスティがかれに代わって緊急要請を行い、世界中から多くの

子どもの権利を理解しよう

129

抗議の手紙がベラルーシ当局に寄せられました。そのおかげで、かれは治療を受けることができました。そして、2度目の要請によって、さらに多くの手紙が届き、刑期が1年短縮されました。国際的な連帯は、ヴラディスラヴの精神的な支えにもなったのです。

> ぼくにとって、国際的な連帯は大きな意味があった。自分が忘れられていないこと、みんながぼくの権利のために立ち上がってくれたこと、それを知ることで、獄中のぼくには大きな変化がもたらされた。

プライバシーが守られる権利

あなたには、プライバシーが守られ、いじめ、いやがらせ、おどしを受けたり、ほこりを傷つけられたりしない権利があります。

（子どもの権利条約第16条）

プライバシーが守られる権利って？

これは、あなたの個人の自由と尊厳を保護する権利で、インターネットをふくむ生活のあらゆる面に適用されます。

あなたは、だれからも（政府もふくめて）不当に干渉されたり、監視されたりせずに、自分の人生を生き、自分の望むように他者と交流する権利があります。そして、あなたは自分の安全な境界線をつくることができます。

この権利は、個人や政府、そのほか、国の機関や企業から被害を受けないようにあなたを守ります。また、インターネットを安全に使う権利、不当な監視、個人データの収集、個人情報や行動の分析（プロファイリング）から守られる権利もふくまれています。

でも現実は？

2020年の時点で、世界でおよそ240億のデバイス（電子

端末機器）がインターネットでつながっていました。それによって、政府、違法ネットワーク、企業、個人などから、あなたがさまざまな被害を受ける可能性は高まっています。

監視

　政府による**監視**は、あなたが知らないうちに、同意なく行われます。これは、個人情報の収集だけでなく、支配と脅迫でもあり、抑圧と人権侵害という、より大きな侵害へもつながっていきます。政府はますます、個人のプライバシーの権利をおかした監視テクニックを使うようになっています。ロシアでは、平和的な抗議をふくむ集会の参加者の情報を得るために、顔認識システムを導入しています。中国でも、高度な監視システムが使われていて、授業中の子どもの表情や注意レベルさえ監視しています（もしあなたがなんらかの活動を行っているのなら、監視から身を守るためにp.234の「デジタル・セキュリティについて」を参照してください）。

　違法な犯罪組織も、高度な監視技術を使って、デバイスを通して、あなたにアクセスし、ポルノや暴力目的で悪用しようと近づいてきます。過激派集団は、SNSから人物の情報を集め、感化されやすい若者を過激化させたりします。

イギリスの首都警察サービスが2012年に開始した「ギャング・マトリックス」は、ギャング・マッピングのデータベースだ。これは、2011年に起きたロンドン暴動に対する、極めて政治的な対応のひとつとして始められたものだ。警察は、若者の行動をオンラインで監視し、データを集めてギャングに所属していないかを調べる。しかし、これは若者に対する差別的な見方にもとづいていた。たとえば、ギャングの名称やサインの入ったグライム・ミュージック動画を共有したり好んだりしていれば、ギャングに属している可能性が高いと判断されるのだ。ギャング・マトリックスにあげられた４分の３以上（78％）は黒人だが、実際に深刻な暴力事件を起こす若者のうち、黒人は27％しかいないことを考えると、不釣り合いな数字だ。そのうちの80％が12〜24歳の若者だった。

子どもの権利を理解しよう

ネット虐待

　児童虐待をする人は、あなたの友だちのふりをします。信用されるまで、あなたを手なずけ、誠実な友情を築くふりをします。しかし本当の目的は、あなたをあやつり、搾取し、虐待することです。実際に会うことも、オンラインだけの場合もよくあります。虐待者は、あなたの写真を同意なしに他者と共有したり、時には児童虐待のネットワークにのせたりします。それによって、あなたの心身の健康、評判、友だちや家族との関係に、大きなダメージがあたえられます。**トラウマ・ボンディング**とは、被害者が虐待者

にいだく感情的な愛着で、非常によく見られるものです。あなたにそんなことが起きたら、覚えておいてほしいのです。虐待は決してあなたのせいではありません。虐待者にはあなたを支配する権利などないのです（身体的や性的な虐待を受けたときの対処法についてはp.182を参照してください）。

　ネットいじめとは、インターネットで、いじめられたりおどされたりすることです。冗談のふりをした軽い虐待行為のようですが、被害を受けると立ち直るのが難しいことがあります。まわりの人たちが注意をはらわずにいじめを容認している場合は、特につらいものです。被害者は、摂食障害になったり、心身の健康が損なわれたりして、学校や仕事に集中できなくなります。

　また、友人や恋人のふりをして、いじめる人もいます。プライベートな情報や性的な写真を手に入れて、被害者のソーシャルグループに広く共有することもあります。**加害者**は、ウソの動画や写真をつくって流すこともあり、若い人は人前ではじをかかされることで精神的に大きなダメージを受けるでしょう。こうした裏切りやプライバシーの侵害から立ち直るのは簡単なことではありません。

134

インターネット活動やテクノロジーにはプラスの面もたくさんある。たとえば、ある目的のために嘆願書を掲載して、デジタル署名や目撃資料を集めることができる。自分で調べて信頼できる情報を得ることもできるだろう。遠隔地への医療を提供することも、戦争や健康危機が起きている際に精神的なサポートを届けることもできる。

企業による不当利益行為

　一見、合法的な会社であっても、知らず知らずのうちにあなたの人生に大きな影響をあたえていることがあります。あなたのデバイスを通して、あなたの位置情報、交友関係、性的指向、政治的信念、健康情報といった個人データを収集したり、あなたの指紋や音声認識といった生体認証データまで得ていることもあります。こうした情報を使って、あなたのプロフィールをつくり、積極的に商品を売りこむのです。あなたは自分で選んで買い物をしていると思っているかもしれませんが、本当にそうでしょうか？

　こうして収集されたデータに加えて、あなたがネット上に発表した、あるいは公開されたあなたの情報がプライバシーを永久におびやかし、将来あなたにとって不利な使い方をされる可能性もあります。

　テクノロジーの会社は、子どもを被害から守るための安全装置やプラットフォームを提供する能力がありますが、それを実現させるには、若者だけでなく世論からの大きな圧力が必要でしょう。

子どもの権利を理解しよう

権利のための闘い

行動を起こした　アレックス
（アレックスは当局から身元を保護するための仮名です）

　香港の学生活動家のアレックスは、2020年7月、新しくできた香港国家安全維持法によって逮捕されました。アレックスはインターネットを通じて政治的な意見を発信していましたが、新しい法律でそれは禁じられるようになったのです。SNSの投稿が原因で、終身刑になる可能性がありました。

　10代前半から学生団体に参加して活動を始めたアレックスは、若者たちと抗議活動や集会を行い、ポスターをつくって配布したり、情報を視覚的にデザインしてインターネットにのせたりしました。

　「もっと多くの人たち、特に若い世代が社会で起きていることに関心をもってほしくて、私たちは学生グループとして公の場で発言し始めたんだ。学生は未来に責任をもつべきだ。未来は私たちのものなのだから……高校生はたいていが、自分が生きている香港社会のことをほとんど知らないんだ。」

　「国家安全維持法が可決されて、私はネットに投稿する内容にとても慎重になった。当局から訴追されないよう注意したし、『違法』と見なされるような表現はさけた。フェ

136

イスブックとインスタグラムから、友人たちの写真も消した。自分とつながっていることで悪いことが起きたら困るから。それなのに私は逮捕された。

　学生グループのフェイスブックの投稿が原因だった。保釈された後も、家族が撮影されたり取材されたりしないように、しばらく家に帰らなかった。終身刑になるなんて思ってもみなかったし、自分の権利を行使しただけで、これほどの代償をはらうなんて、想像もしていなかった。」

　「この本を読んでいる若い読者に伝えたいのは、デジタル・アイデンティティの保護に慎重になることはとても重要だということだ。行動を起こす前に、すべての危険性についてしっかり考えてほしい。それから、よく勉強して、学校でも社会でも現状を変えるために、影響力のある人になってほしい。

　変化を起こすためにはだれかが犠牲にならなくてはならない。たったひとりが立ち上がって行動を起こしさえすればいいんだ。そうすれば、みんなも続くだろう。香港の運動は、私に連帯感と希望をあたえてくれた。私はひとりではないんだ。」

子どもの権利を理解しよう

マイノリティと先住民族の権利

マイノリティや先住民族に属している子どもが、自分の文化を楽しみ、自分たちの宗教を信仰し、自分の言葉を使う権利が否定されてはなりません。

(子どもの権利条約第30条より)

マイノリティと先住民の権利って？

あなたがマイノリティや先住民族のグループに属していても、あなたには、ほかのすべての子どもたちと同じ権利があります。子どもの権利条約第30条によって、政府には、あなたを差別しない義務があり、また学校のような団体や組織による差別があれば、政府が阻止しなくてはなりません。だれもあなたに対するヘイトスピーチを行ってはいけません。

先祖がその土地にもともと住んでいた人たちであれば、あなたは先住民です。先住民独自の言語、知識と信念、先祖から受けついだ土地との特別な関係があるでしょう。

もし、あなたの民族性、人種、言語、信仰が、あなたの国で優勢な人びとと異なる場合、あなたは**マイノリティ・グループ**に属します。「マイノリティ」という言葉は、必

138

ずしも人数が少ないという意味ではありません。権力者からの抑圧や差別にさらされるグループの一員だという意味です。

たとえあなたのグループが少数であっても、「マジョリティ（多数派）」グループにあなたを抑圧する権利はありません。マイノリティと呼ばれてきたグループには、アメリカの黒人、女性、移民、ロマの人びとなどがいます。ほとんどの先住民もマイノリティです。

でも現実は？

世界には、およそ5,000のマイノリティ・グループがあって、ほとんどすべての国にいます。先住民やマイノリティ・グループの子どもたちは、日常的に差別を受けています。そのため、自分のアイデンティティをおさえこまなくてはならないこともあるでしょう。かれらの歴史が学校で教えられることはおそらくあまりありません。自分たちの言語を自由に話したり、文化の伝統を楽しんだりすることもできないかもしれません。何世紀もの間、マイノリティの人びとはスケープゴートにされたり、迫害されたり、ジェノサイド（特定の集団に対する大量虐殺）の犠牲になることもありました。

もし、あなたがマイノリティ・グループの一員なら、あなたの国の多数派や支配層から、「異質」な人として見ら

子どもの権利を理解しよう

れているかもしれません。成長するに従って、国のやり方から排除されることが多くなるかもしれません。たとえば、世界各地で学校から排除された子どもの半数以上は、マイノリティや先住民のグループです。そのことで貧困からぬけだせなかったり、あなたが必要とすることに政府が目を向けてくれなかったり、さまざまな影響が出てきます。

> 2017年から、中国では「厳打」（暴力的テロリズム撲滅キャンペーン）が実施されるようになったが、実は、これは、信仰、民族、文化を理由にマイノリティ・グループを標的にするものだった。およそ100万人のウイグル人をはじめとする、チュルク語族のイスラム教徒が不法に拘禁され投獄された。かれらは主に中国北西部の新疆（新疆ウイグル自治区）に住むマイノリティ・グループだ。中国のテレビ放送を見るのをこばんだり、「異常な」ひげを生やしたり、ベールやスカーフを着用したり、定期的にいのりをささげたり、断食をしたり、飲酒をさけたりするのが理由で、「過激派」のレッテルをはられたのだ。子どもは親から無理やり引きはなされて、国営の福祉施設や寄宿学校に送られた。親と連絡を取ることは許されていない。自分たちの言語を話す権利や、文化の遺産を学ぶ権利をはじめとして、多くの子どもの権利が侵害されているが、政府の厳しい管理と監視のため、実際の人数はわからない。声を上げる人には過酷な罰があたえられる。

この100年の間に消滅した少数民族の言語は400に上ります。その言語が、支配的な集団の言語によって置きかえ

140

られると、危機的な状況におちいります。教育、仕事、そのほかの機会を得るためには、支配的な言語を話すことが不可欠になります。親は、伝統的な言語を話すことが人生のさまたげになると考えて、あえて子どもに教えない場合もあります。マイノリティの言語を話す人びとが迫害されることによって、状況ははるかに悪化しています。

　言語は、人間であることと密接な結びつきがある重要なものです。あなたの言葉はとても個人的なものです。独自の伝統や歌、ユニークな知識や、ほかでは見られない体験などを伝える唯一の方法が、あなたの言語なのです。

　言語と文化がほろびれば、人類は取り返しのつかない損失を負います。現在570の言語が消滅の危機にひんしていますが、さらに消滅が危惧されている言語は、南・北アメリカ大陸に多く、1,000以上もあります。

　あなたがマイノリティや先住民族に属しているなら、教育を受ける権利も、さらなる課題となるでしょう。これは長年続いてきた問題です。イギリスのウェールズでは、18～20世紀初頭まで、学校で生徒が英語（支配的な**植民地主義**者の言語）の代わりに、母国語のウェールズ語を話すと罰せられていました。「ウェールズ語禁止」という言葉がほられた木片を首に下げさせられたのです。何十年にもわたる抗議の末、ウェールズのすべての学校で、ウェールズ語が必須科目になりました。現在ウェールズの人口の25％

がウェールズ語を話しています。

チェコ共和国では、長い間、マイノリティ・グループの
ロマの子どもたちが日常的に学校で差別を受けてきました。
ロマだけの別クラスや別棟に入れられたり、別の学校に行
かされたりすることがしばしばありました。マイノリティ・
グループだというだけで、「軽度の知的障害」のレッテル
をはられることもありました。ほかの民族と混合の学校で
は、ロマの子どもたちはいじめやいやがらせを受けること
が多いのです。

1837年にイギリス政府は、イギリスに住む先住民に「同
化」を強制しました。おとっていると見なした文化と言語
をうばうことが目的でした。カナダ、オーストラリア、ニュー
ジーランドに先住民の寄宿学校がつくられました。すでに
イギリス領ではなかったアメリカでも同じことが行われま
した。先住民の子どもたちを寄宿学校に入れ、強制的に西
洋文化に同化させたのです。

家族と何年も会えない子ども、まったく会えない子ども
もたくさんいました。子どもたちが先住民の言語を話した
り、伝統を守ろうとしたりすると罰せられました。子ども
たちは、ひんぱんに身体的、性的暴行を受けました。医療
実験や不妊手術を受けさせられた子どももいました。子ど
もたちの強制連行は150年近く続き、1978年にやっと、ア
メリカ先住民族の親に、子どもの入学を拒否する権利が法

142

的にあたえられました。

　先住民族のコミュニティは、長年にわたって甚大な影響を受け続けました。何千人もの子どもが亡くなり、生き残った子どもも、家族や神聖な伝統や文化的アイデンティティを失いました。カナダ政府は、この寄宿学校制度は文化的ジェノサイド（大量虐殺）だったと公式に認めています。

権利のための闘い

行動を起こした
トカタ（フューチャー）アイアン・アイズ

　先住民や部族の人びとは、地球のおよそ25％の土地に住んでいます。そこは動植物の80％が生息する生物多様性に富んだ地域ですが、気候変動や有害廃棄物の影響を受けやすい土地でもあります。先住民の土地を守ることは、人権や子どもの権利を守るのと同様に、地球を救うためにも必要な闘いなのです。

　アメリカのスタンディング・ロック・スー族のトカタ（フューチャー）アイアン・アイズは、9歳のとき、神聖なブラックヒルズのウラン鉱山建設に抗議する証言をしました。アイアンは12歳のとき、地下石油のためのパイプラインを通す「ダコタ・アクセス計画」に反対して闘う部族のために、動画を通じて「私たちの水、私たちの土地、私たちの部族の

子どもの権利を理解しよう

143

人びとを尊重してください。嘆願書に署名してください」と、訴えました。この訴えによって、パイプラインに反対する数千人もの人が、国内外からスタンディング・ロックを訪れ、その活動は一年近く続きました。結局、パイプラインは設置されましたが、彼女の部族は闘い続けました。

2020年、16歳になったトカタ・アイアン・アイズは、Indigenised Energyという持続可能なエネルギーのための新しい集団に参加しました。彼女は地球と先住民の権利のために活動を続けています。

 自分の真実を貫き、世界の苦しみを認識することで、あなたはすでに変革の一部になっている。自分を信じて、そして声を上げて。

行動を起こした　ドゥワン・フーサン

オーストラリアの学校では、教師の訓練もカリキュラムも、すべて白人入植者の言語、歴史、文学、数学、科学、文化であって、先住民族の子どもたちについて述べられることはありません。そのため、アボリジナルやトレス海峡諸島民の子どもは、自分たちの価値を認められていないと感じたり、疎外感をもったりします。その不満を反抗で表す子どももいます。多くの場合、こうした子どもたちは支援を受けるのではなく、警察や児童福祉制度の監視下に置かれます。

> 子どもの権利を理解しよう

差別は学校の外でも起きています。オーストラリアの10〜17歳の子どものうち、先住民は6％にすぎませんが、刑務所では先住民の子どもが54％をしめているのです。先住民の子どもは、そうでない子どもと比べて刑務所に入る確率が25倍にも上ります。かれらは、刑務所で隔離されたり、拘束いすにしばられたり、スピットフード（＊頭にかぶせるおおい）をかぶせられたり、催眠ガスを浴びせかけられたり、プライバシーを侵害するような検査を受けされたり、といった虐待や拷問を受けています。

ぼくはふつうの生活がしたいだけなんだ。自分自身でありたいだけ。自分、すなわちアボリジナルということだ。

　ドゥワン・フーサンは、オーストラリアの（アボリジナルの）アレンテ族とガラワ族の少年です。かれは自分の文化と強いつながりをもっていて、3つの言語を話します。

　ドゥワンはコミュニティの治療者として、重要な役割を担っています。しかし、かれが先祖から受けついだスキルや知性は、オーストラリアの学校制度では認められず、評価もされていません。かれは、学校から排除されたり、刑務所に入れるとおどされたり、ひどい差別を受け続けてきました。かれが住むノーザン・テリトリーでは、2020年に刑務所に入れられた子どもの100％が先住民族でした。

　ドゥワンの人生体験は、『In My Blood It Runs（ぼくの血に流れるもの）』というドキュメンタリー映画になり

ました。

　2019年、12歳のドゥワンはジュネーブを訪れ、国連人権理事会と国連子どもの権利委員会の前で演説した最年少の人物となりました。かれは、オーストラリアの犯罪責任年齢を10歳から14歳に引き上げるよう求め、自分がもう少しでオーストラリアの司法制度で裁かれそうになった経験について述べました。アボリジナルが主導する教育システムを再構築する必要性についても語りました。

> 大人は、子ども、特にぼくのような子どもの言うことなんか、絶対に聞いてくれない。でも、ぼくたちには大事な意見があるんだ。

　演説とドキュメンタリー映画を通して、ドゥワンの物語は数千回も共有されました。かれの物語は、オーストラリアの人びとを先住民の子どもとコミュニティに目を向けさせ、子どもたちには、自分に関わるすべての決定に参加する権利があることを理解させるのに役立ちました。

教育を受ける権利

あなたには、あなたの個性、才能、能力を伸ばすために教育を受ける権利、学校に行く権利があります。情報や指導を受ける権利もあります。自分の権利について知る権利があります。

(子どもの権利条約第13条、17条、28条、29条、42条より)

教育を受ける権利って？

あなたは教育を受けるべきです。教育はあなたの成長に欠かせないもので、貧困からぬけ出すかぎにもなります。

教育は、よりインクルーシブで、持続可能で、進歩的な社会をつくるためにも役立ちます。初等教育は、すべての子どもにとって、無償で平等の義務教育でなくてはなりません。

さらに、すべての政府は、高等学校教育と職業教育を無料で提供するべきです。学校の規律は、生徒を尊重するものでなくてはなりません。学校で体罰を受けてはなりません。

条約に従って、あなたは平和、寛容、平等、すべての人との友愛の精神で教育されるべきなのです。

148

でも現実は？

　子どもの権利条約が採択された1989年には、1億2,000万人の子どもが初等教育を受けていませんでした。その後、大きな進展があり、2017年にはその数は6,400万人にまで減少しました。それでも、2019年の時点で、初等教育を受けていない子どもは5人に1人もいて、女の子の割合が高くなっています。国連は2030年までに全世界の子どもが初等教育を受けられるようにするという目標をかかげています。

> 新型コロナウイルスの世界的大流行によって、2020年にはおよそ10億人の子どもと若者が学校に行けなくなった。専門家は、そのうちの最大1,000万人が学校にもどることができないだろうと予測している。しかし、教育を受けられなければ、将来の感染症を解決するのに世界に必要な看護師、医師、科学者、保健衛生の専門家にはなれないだろう。

　初等教育は、すべての子どもに無料の義務教育となるべきです。しかし、学校に行けるからといって、まともな教育が受けられるとはかぎりません。訓練された教師や教材が不足していれば、教育は非常に困難です。たとえば、衛生設備が整っていない荒れ果てた建物の教室で、混み合ったクラスで学ぶのは厳しいでしょう。

　サハラ砂漠以南のアフリカの地域では、飲料水や電気、コンピュータやインターネットといった設備が備わっている小学校と（およそ12〜15歳までが通う）中学校は半数も

子どもの権利を理解しよう

ありません。世界で約6億1,700万人の若者が、最低限の読み書きや計算ができないのも無理はありません。

さらに、おなかがすいていたり、病気にかかっていたり、学校以外で働いてつかれていたりすれば、勉強に身が入らないでしょう。学校まで何時間も歩かなければならず、しかも地雷のうまっている地域や、あなたを傷つけようとする人のいる所を通るなら、なおさら困難です。生きのびることが大変な紛争地帯に住んでいて、学校に行けない子どもは2,700万人もいます。

子どもが学校から排除される理由はほかにもたくさんあります。障害のある子どもや少数民族の子どもは、教育を受けるのがとても難しいと感じるでしょう。ジェンダー差別もあります。世界の44％の国では、女子は男子と平等の初等教育を受けることができません。貧しい家庭の子どもは、裕福な家庭の子どもと比べて、学校に行けない確率が5倍近くに上ります。ユニセフの2016年の報告によれば、多くの国々で、もっとも貧しい家庭の子どもは、裕福な家庭で育った子どもと比べて、教科書などの公共の教材を利用できる確率がおよそ18分の1だといいます。

あなたには自分の権利を知る「権利」があります。そのために、私たちはこの本をつくったのです。しかし、一部の学校では、批判的思考より暗記学習のような形式的な教

育がいまだに優先されています。批判的思考や質問スキルを身につける利点のひとつは、真実がわかるようになることです。それによって、自分の権利を知って、主張できるようになるのです。

> マイノリティや先住民族の登場人物が本から排除されていることも、学習と成長をさまたげる要因だ。イギリスで出版される児童書の年次調査『Reflecting Realities』によれば、2017年～2019年のイギリス全国の学校人口33％がマイノリティの子どもであったのに対して、児童書に登場したマイノリティの登場人物は7％だけだった。物語は教育とよりよい人生の機会のために欠かせないものだ。思考の自由をサポートし、社会の平等と正義の繁栄にもつながる。しかし子どもが、本の中で自分と同じ登場人物に出会えなければ、本を読む意欲を失い、結果として教育が困難になるだろう。

子どもの権利を理解しよう

権利のための闘い

行動を起こした　ババー・アリ

　2002年、インドの西ベンガル州で当時9歳のババー・アリが、近所の子どもたちに勉強を教え始めました。ババーは、毎日学校から帰ると、その日に学んだことを、学校に行けずに働いている近所の子どもたちに教えるようになったのです。ババーの家の裏庭が学校になりました。屋根もいす

151

もない学校は、雨が降ると休みになりましたが、子どもたちは気にしませんでした。ゲームとして始まったことが、とても真剣なものになっていきました。

ババーの両親は教育の権利を支援していましたが、ほかの親たちは不信感をいだいていました。女の子の親の場合は、特にそうでした。それでも、2015年までにババーの裏庭学校は移転が必要なほど大きくなりました。そして、西ベンガル州学校教育局にも認められました。スタッフも増えて、2020年までに貧しい家庭の5,000人の子どもたちが無料で学ぶことができました（60％が男子生徒で、40％が女子生徒）。

ぼくと同年代の女の子や男の子が、学校に行けずに、仕事から帰ってくる。そこでぼくは、家の裏庭にかれらを集めて教え始めた。ぼくが校長先生だ。ぼくはあきらめなかった。せいいっぱいやった。この学校をつくったとき、親たちは子どもに教育を受けさせることに懐疑的だった。自分たちも教育を受けていなかったから、

教育の価値に気づいてなかったんだ。ぼくたちは、子どもを学校に来させてほしいと、一軒一軒訪ね歩いた。当時のぼくの生徒たちは、今では大学に入学している。何人かは、ぼくの学校で教えるようになった。

行動を起こした　マララ・ユスフザイ

　1990年以降、パキスタンとアフガニスタンの一部は強硬なイスラム主義勢力タリバンによって支配されてきました。2007〜2009年には、タリバンはパキスタン北部のスワート地区を標的にし、女子の教育を禁じ、学校を爆撃し、女性の外出を禁止しました。

**ひとりの少女が世界を変えられるなら、
1億3,000万人には何ができるだろう？**

　スワート地区の11歳のマララ・ユスフザイは、女子が教育を受ける権利について声を上げ始めました。BBCテレビ局のブログに匿名の投稿をしたり、平和と保護を求める行動の緊急性について、地元や国際的なメディアで語ったりしました。

　マララが活動を始めたのは、住んでいる地域に危機が訪れた緊迫した時期でした。彼女は、自分だけでなくほかの少女たちも教育を受け続けることを願いました。マララと

子どもの権利を理解しよう

父親のジアウディン・ユスフザイは、国際的なメディアから注目され、その活動によって数々の賞を受賞しました。

2012年、15歳のマララはタリバンに頭を撃たれましたが、パキスタンとイギリスでの治療によって回復しました。それからも少女たちのために闘い続け、教育を求めるマララの声は世界規模の運動へと発展していきました。パキスタンでは、200万人以上が、政府に「教育権利法」導入を求める嘆願書に署名し、教育がより広く女子に開かれるようになりました。さらに国民議会は、パキスタン初の「無償の義務教育の権利法案」を可決しました。

2013年、マララと父親は、マララ基金を設立しました。これは、すべての女子が12年間の安全で質の高い教育を無償で受けられることを目的とした非営利団体です。

翌年、その活動が認められて、マララは史上最年少のノーベル平和賞の受賞者となりました。わずか17歳でした。その後、マララは、イギリスのオックスフォード大学で哲学、政治学、経済学の学位を取得しました。

世界ではいまだに1億3,000万人の少女が学校に通えないでいます。マララはすべての少女が学び、リーダーとなれる未来のために、人生をかけて闘い続けています。

行動を起こした　ハイディ・クワ

> 子どもの権利を理解しよう

マレーシアのペタリンジャヤ市のハイディ・クワは、16歳のときから難民（なんみん）学校でボランティア活動を始めました。難民の子どもたちと知り合ううちに、かれらの家族が直面する多くの問題について知るようになりました。そして、同じ国で育ったにもかかわらず、彼女の生活や教育についての期待が、難民の子どもたちとどれほどちがうかに気づきました。

難民学校の資金が危機（き）に面していると知ったハイディは、自らNGO（非政府団体）を設立（せつりつ）して、難民が基本的な教育施設（しせつ）を利用できる助けになろうと考えました。

それから8年の間に、ハイディは、マレーシアに10校、ミャンマーに25校の難民学校を設立し、リーダーシップ育成に重点を置いた教育を2,000人以上の子どもたちに提供（ていきょう）しました。

155

活動はさらに拡大し、今は、彼女の住む地域で搾取や権利の侵害を受けている弱い人たちの心身を包括的に支える運動をしています。ハイディは、自治体とともに、弱い人びとが医療、安全、保護を受けられるように、正義を求めて活動を続けています。

特権って、すてきな高級車に乗ったり、きれいな家に住んだり、家族とぜいたくな旅行をすることだと思っていた。でも、地域の活動をするようになって、本当の特権とは、教育を受けることや、屋根のある家に住むことや、家の外を歩いても安全がおびやかされないことや、次にいつ食べられるか心配する必要がないことだと学んだ。それがわかったから、私は地域社会のために基本的な人権を確保できるように、できるかぎりの支援をしようと決めた。18歳になって、自分の特権を理解した私は、『Refuge For the Refugees（難民のための避難所）』を立ち上げた。

遊ぶ権利

あなたには遊んだり、休んだり、友だちを選んだり、考えを共有したり、文化芸術活動を楽しむ権利があります。

（子どもの権利条約第31条より）

遊ぶ権利って？

どこに住んでいても、子どもの生活の中心には、遊ぶ権利があります。そこには、ゲームやスポーツ、演劇やダンス、美術、音楽、詩といったクリエイティブな芸術を楽しむ権利がふくまれています。遊びは、あなたが声を上げる権利や、**主体性**をもつ権利を支え、あなたの心身の健康と幸福に欠かせないものです。

遊ぶ権利は、身体的、知的、社会的、感情面といったさまざまな面であなたの発達を助けます。遊びは自己表現のひとつの形でもあります。自分の周りの世界を体験したり、探検したりというクリエイティブな方法で、人生のスキルを身に着けることにつながるのです。自分の行動をコントロールし、リスクを管理し、安全を守り、決断することを学ぶ助けになります。

遊びは、人と人を結びつける方法でもあります。友だち

子どもの権利を理解しよう

をつくり、コミュニケーションの仕方や、人の話を聞くことを学ぶための最良の方法になるかもしれません。遊びの多くは、文化的伝統に根ざしているので、あなたのアイデンティティを形成し、理解するのにも役立ちます。

　遊びは、楽しく、創造的で、自発的で、柔軟です。生産的である必要はありません。チャレンジするような種類の遊びでも、リラックスできます。おもちゃのような道具はなくてもよいのです。遊びは、心と想像力を豊かにします。これはよりよい世界のために不可欠です。成長するにつれて、リラックスの方法や友だちと交流する方法は変わりますが、それもまた遊びと同じように重要です。

　政府には、すべての子どもが、遊び、休み、リラックスし、スポーツや文化的・芸術的な活動を安全な環境でできる機会を確保する義務があります。

でも現実は？

　子どもは、遊びの権利を大人に制限されることがあります。しばしば大人は、遊びは不必要なぜいたくで、勉強や教育の方が重要だと思います。一方、多くの国の子どもたちは、遊ぶ時間がもっとほしいと言っています。

　多くの子どもたちが、よい友だちがいることと、たっぷり外で遊べることが心身の健康と幸福のかぎだと考えています。しかし、障壁もたくさんあります。車の行き交う道路、

公害、いじめ、差別、なかには、遊びが子どもの成長に重要だということを理解していない大人もいます。学校は、遊ぶ時間や屋外ですごす時間より、形式的な教育を重視する傾向もあります。学校が休みのときに、近所の子どもたちが校庭を使うのを禁じる学校も多いのです。

　道路には、子どものことを考えずにつくられている危険なものがたくさんあります。WHOの2018年の調査では、世界の5〜29歳の死因の第一位が交通事故でした。危険で騒々しい道路は、遊びや自主的なアクティビティのさまたげになります。心身の健康や認知機能（考える能力）にも悪い影響をあたえますが、これらはどれも予防できることです。

2020年、グローバル・デザイニング・シティズ・イニシアティブ（Global Designing Cities Initiative／世界の都市設計計画）という団体が、「子どものための道路設計」を始めた。都市の道路設計において人間を第一に考え、赤ちゃん、子ども、子どもの世話をする人のニーズに焦点を当てようというものだ。アルバニアもそうした国のひとつで、首都ティラナの交通量の多いスカンデルベグ広場を、近隣の子どもたちとしっかり相談したうえで設計した。その結果、この広場は車優先の場所から、みんなが親しめる場所に変わった。車の乗り入れを禁止する日を設けて、徒歩や自転車を奨励したのだ。

もし、あなたが、虐待、紛争、貧困といった危機的な状況で生活していて、ほかの権利の行使ができない場合は、ストレスを乗り越えて回復力（レジリエンス）を高めるために、クリエイティブな遊びがより重要になります。

> 子どもの声が尊重される国では、だれもが平等に遊べる大きな利点がある。たとえば、ウェールズやスウェーデンでは、子どもたちと相談しながら新しい公園をつくっていて、障害のある子どもがみんなと同じように遊べるブランコを設計したりしているのだ。

権利のための闘い

行動を起こした　カテウラ・スラムの子どもたち

パラグアイの首都アスンシオン郊外に、カテウラ地区という巨大なゴミ集積地があります。この国最大で最貧のスラム街で、およそ４万人が非常に貧しい生活をしています。水は汚染され、下水が道路を流れ、川がしょっちゅう氾濫します。四六時中、酸っぱいにおいがただよっていて、野生動物はほとんどいません。それでも、ゴミの集積地が、そこで暮らす人たちの生活のかてなのです。この地区に住む子どもの40％は家族のために働かなくてはならないので、学校には卒業まで通うことができません。

2006年に、音楽の訓練を受けた人間生態工学の学生たちが、ゴミ集積人の助けを借りて、地域の子どもたちに楽

器演奏を教え始めました。子どもたちといっしょにフォーク、X線、パイプ、コイン、木箱などのゴミから、楽器をつくったのです。やがて『パラグアイ・リサイクリング・ユース・オーケストラ』が結成されました。このオーケストラは海外で演奏するまでになり、音楽とクリエイティブな楽器づくりの遊びが子どもたちの人生を変えたのでした。

子どもの権利を理解しよう

行動を起こした　サイード

> 戦争のせいで、リビアの首都トリポリには悪いイメージがあった。紛争や暴力ばかり起こっていたから。でも、今はサッカーを通して、協力することや助け合うことを学んでいるよ。トラブルに巻きこまれないようにね！

サイードは、レバノンの17歳の難民です。かれが住んでいるのは、トリポリ近郊のアルコベッツという政府が管理していない居住地で、パレスチナやシリアやレバノンからの難民が住んでいます。ここでの生活は厳しく、サイードは子どものころ、いじめを受けていました。

11歳のときに、Right to Play（遊ぶ権利）という国際組織の運営するプログラムに参加しました。子どもたちに、スポーツを通して協力することを教えるプログラムです。このプログラムのおかげで、サイードはこれまでのトラウ

マに向き合い、いやされました。

　自分のように貧しく恵まれない環境(かんきょう)の子どもたちを助けたいと強く思ったサイードは、サッカーのコーチになり、Right to Playで学んだテクニックを子どもたちに教えるようになりました。

　2019年には10人の子どもしか参加していなかったプログラムは、2020年には30人以上に増えました。

自由な考えをもつ権利

　他人の権利、社会の安全や秩序、公衆の健康をさまたげないかぎり、あなたには、思想、良心、宗教を自由に選ぶ権利があります。あなたは、どんな信仰を選んでも、信仰をもたなくてもよいのです。また、あなたの親にはあなたを指導する権利があります。

（子どもの権利条約第14条より）

子どもの権利を理解しよう

自由な考えをもつ権利って？

　これは子どもの権利条約で定められた権利のひとつで、表現の自由の権利と密接な関係があります。成人の権利よりかぎられているのは、あなたを守るために、親（＊保護者）があなたの成長に合わせて導くことが条約で認められているからです。それでもなお、あなたには思想、良心、宗教の自由の権利があります。あなたの宗教を理由に、あるいはある宗教を信じないことを理由に、差別をされてはなりません。これは、あなたの精神の成長と発達のために、知性と精神性の自由をあたえる権利です。たとえば、軍隊に入ることや、肉を食べることや、酒を飲むことなど、あな

163

たが同意しない活動への参加を拒否することができます。

また、あなたの信じていない宗教の礼拝に参加することを拒否する権利もあります。

これは、あなたがよりよい世界を想像し、そのための土台を築くための権利なのです。

あなたの地域のモスク、教会、ユダヤ教会、寺院、そのほかの宗教的、精神的な集会場が果たす役割も認めています。こうした場所は、あなたが道徳的価値観を学んだり、友だちをつくったりするのに重要な場所でもあります。また、そこは、あなたに集団としての自己認識をあたえ、自分は世界の一部であると感じる助けにもなります。

でも現実は？

信仰によって、あるいは信仰のあるなしで、だれも差別を受けてはなりませんが、宗教的少数派は社会でもっとも弱い立場にあります。宗教が文字通り生死にかかわることもあるのです。「私たちの宗教を支持すべきだ」と主張する人たちによって、別の信仰をもつ人たちが世界中で迫害されています。ある宗教からほかの宗教に改宗した人や、無神論者も迫害を受けます。政治的な動機、野望、攻撃、欲によって、迫害が引き起こされることが多いのです。

世界の80％の人が、住む国によって信仰を制限されています。あなたが信仰する宗教と民族的アイデンティティ

164

に関連や重なりがある場合、そして特にあなたが国の支配的な集団に属していない場合は、より弱い立場になるでしょう。宗教や信念のために、多くの子どもたちが学校で差別を受けています。たとえば、スカーフや十字架を身に着けていることを理由にした、からかいやいじめを放置すれば、すぐに虐待がエスカレートすることもあります。

ホロコースト（p.20）は、何世紀も続いてきた反ユダヤ主義——ユダヤ人への偏見や憎悪——によるものです。1933年からドイツのナチ党は、ヨーロッパ大陸中のユダヤ人の人権と市民権を否定するために、プロパガンダ（＊思想統制のための宣伝活動）や法律を駆使して、迫害しました。1945年までには、600万人ものユダヤ人と、ナチ党の思想と相反する信仰やアイデンティティをもつ人びとを殺害しました。

子どもの権利を理解しよう

ジェノサイドとは、ある国や民族、人種、宗教団体の人びとを、意図的に大量に殺害しようとすることだ。このような人道に対する罪には、計画的で広範な組織的攻撃の一環として行われる、市民に対する殺害やレイプや迫害がふくまれる。

信念、表現、平和的な集会（ほかの人たちと集まって考えを表わす権利）の自由は、それぞれ密接な関係がありますが、しばしばその権利同士、あるいはそのほかの権利との間に緊張関係が生じることがあります。たとえば、同性

165

愛を抑圧する宗教や、ジェンダー平等を抑圧する宗教も多いのです。信仰の権利が、抑圧の道具として悪用されることがあります。

> パキスタンでは、宗教的少数派やそのほかの人びとが標的にされることがよく起こる。14歳のリムシャ・マシーという学習障害のあるキリスト教徒の少女が、2012年に地元の聖職者から「冒涜罪」で告発された。彼女がコーラン（＊イスラム教の聖典）のページを燃やしたと言うのだ。障害があったにもかかわらず、リムシャは警察に逮捕され、起訴された。3か月間、彼女はメディアにさらされ続けたが、のちに高等裁判所が、彼女は証拠もなしに虚偽の罪を着せられたとして、起訴を却下した。リムシャと家族は、パキスタンで脅威に直面していたという理由で、カナダで難民として認められた。

権利のための闘い

行動を起こした　ズラタ・フィリポヴィッチ

1992年、東ヨーロッパのボスニア・ヘルツェゴビナは、ユーゴスラビアからの独立を宣言しました。イスラム教徒が多数派で、それを快く思わなかったセルビア人が、領土獲得とボスニアからイスラム派を「一掃」するための戦争を始めたのです。政治的支配を得るために、セルビア人は、戦争犯罪である民族集団の大量虐殺も実行しました。これは「民族浄化」として知られるようになりました。

166

内戦は1995年まで続き、ホロコースト以来のジェノサイドとなり、推定10万人が殺害され、その80％がイスラム教徒でした。さらに、200万人以上の男性、女性、子どもたちが難民になりました。

子どもの権利を理解しよう

サラエボに住む当時10歳のズラタ・フィリポヴィッチは、内戦下の生活を日記につづりました。そこには、友人や家族が突然、民族や信仰によってレッテルをはられるようになったと書いてあります。それは、ズラタがそれまで意識していなかったことでした。彼女の日記は、世界中の36の言語で出版されました。

成長して、作家、映画プロデューサーになったズラタは、子ども時代をふり返ってこう言いました。

‘
サラエボ包囲の中で育った子ども時代、文章を書くことは、私にとっての大きな助けのひとつだった。私の考えや気持ちを、批判することもなく、ただ受け止めてくれる白い紙に書けたこと、頭と心の混乱を言い表す動詞や名詞を見つける作業、それらが、困難な時期（そしてそれ以後も！）大きな支えになった。

行動を起こした　ロジア・ビビ

　16歳のロジア・ビビは、バングラデシュのコックスバザール地区に母親といっしょに住んでいます。ここは世界最大の難民キャンプです。ロジアは、ミャンマー出身のイスラム教徒のロヒンギャの難民です。父親は、ミャンマーのロヒンギャへの民族浄化の暴力事件によって、殺害されました。

　2017年に始まった民族浄化によって、70万人のロヒンギャが国境を越えてバングラデシュへ強制的に避難させら

れました。ロヒンギャは、ミャンマーのイスラム教徒の中で最大の割合を占める少数民族です。仏教徒が多数派のミャンマーでは、政府がイスラム教徒のロヒンギャに対して、極端で深刻な権利の侵害を行ってきました。

　コックスバザールのロヒンギャの難民の半数以上は、女性と少女です。極度の貧困によって、多くの女の子が（しばしば暴力的な）児童婚と妊娠を強要されます。

　ロジアの母親アンワラ・ベガムは、むすめを守るために、宝石を売ってミシンを買いました。今では、ロジアと母親は難民キャンプのテーラー（仕立屋）となり、ほかの女性や少女たちにも、強制結婚させられないように裁縫の技術を教えています。またロジアは、すべてのロヒンギャの子どもたちが教育を受ける権利のために活動をしています。教育によって、スキルと自立と明るい未来が得られるからです。

子どもの権利を理解しよう

意見を表し、
平和的な抗議をする権利

あなたには、表現の自由と、平和的に集まったり抗議をしたりする権利があります。情報を求めたり得たりする権利もあります。

(子どもの権利条約第13条、15条より)

意見を表し、平和的な抗議をする権利って？

これは、条約の基本原則のひとつを支えるもので、発言し、参加し、意見を聞いてもらう権利について述べたものです。表現の自由には、言論の自由もふくまれています。あなたには、あらゆる種類の情報や考えを、芸術をふくめ、あらゆる方法で求め、受け取り、共有する権利があるという意味です。さまたげられたり、検閲されたりされるべきではありません。あなたは、ほかの人たちといっしょに、発言したり、平和的な抗議を行ったりすることができます。

「平和的な集会」の権利とは、平和的な抗議のために、友人やほかの人たちと集まる権利があるということです。この権利は、大人のもつ権利と平等で、年齢やそのほかの理由で差別されることはありません。

平和的な集会の間、政府はあなたを守る特別な方法を取らなければなりませんが、それがあなたの言論の自由を制限してはなりません。しかし、状況によっては、政府が言論の自由を制限することが許される場合があることも知っておいてください。それは、政府には、人びとを守り、国の安全を守るために、ヘイトスピーチや暴力をあおる行為を禁止する義務もあるからです。

意見を表し、自分を表現する方法は、話すことだけではありません。書くこと、芸術の創作、音楽をつくること、ほかの人の権利を公に尊重すること、平等を守ること、抗議集会を結集すること、そのほかにも多くのことがふくまれています。あなたは、抑圧に抵抗し、自分の知識や考えを広めるために声を上げることができます。大きな方法でも小さな方法であっても、変化を求めることができます。この権利は自分だけでなく、ほかの人たちといっしょに行使することができるのです。

この本で紹介している人たちのほとんどは、意見を表す権利と平和的な抗議をする権利を行使し、ほかの人たちと連帯して行動を起こしています。

でも現実は？

意見を表す権利とは、あなたの意見を聞いてもらう権利です。でも、話を聞こうとしない人もいます。権力をもつ

子どもの権利を理解しよう

171

者は、人びとが社会に変革を起こそうとして、はっきり声を上げることをおそれる傾向があります。人びとの声の力をおそれて、表現の自由と平和的な抗議についての権利を取りしまることがしばしばあります。

　世界各地で、ジャーナリスト、芸術家、作家が検閲されたり、投獄や殺害といった方法で沈黙させられたりしています。それは、かれらの考えを表現するスキルと、人びとの感情をゆさぶる力をおそれるためです。検閲とは、変革をおそれ、権力を失うことへの恐怖心から生じるものです。

　平和的な集会を開く権利を行使しようとすると、さまざまな制約に直面するでしょう。親が許可してくれなかったり、学校や地域社会の規則で制約されたりするかもしれません。それでも、あなたの平和的な集会の権利は、国際法や、一部の国の権利章典で守られています。したがって、政府には、あなたが権利を行使する障害になるものを取り除く義務があります。

　そうした障害には、平和的な集会の開催や参加に最低年齢を定める法律、結社への参加に親の許可が必要だとする法律、警察が平和的な集会から子どもを取り除くような法律があります。警察の役割と責任は、子どもの権利を取りしまることではなく、権利と子どもを保護することなのです。

権利のための闘い

行動を起こした　ジャナ・ジハード

私は、7歳でジャーナリストとして発信し始めた。ここで何が起きているか、私たちがどんなひどい恐怖と不安の中で生きているかを世界中に知らせたかったから。私は、多くのことに直面した。親せきが目の前で殺されたり、母がケガをしたり、友人が逮捕されたり……。私は、ふつうの生活、ふつうの子ども時代を送りたいだけなのに。

子どもの権利を理解しよう

　ジャナ・ジハードは、パレスチナのナビサレ村で育ちました。ヨルダン川西岸のラマッラーの北に位置する小さな村です。ヨルダン川西岸の一部は、1967年以来、イスラエルの軍事支配下にあります。パレスチナの子どもたちと、そこで暮らす住民は、権利を否定され、日常的に差別を受けています。イスラエル軍が、ジャナの村で家族が寝静まった真夜中に家をおそって、子どもたち

を逮捕することも定期的に起きています。子どもたちは、教育や移動の自由の権利を行使することが難しい状況です。地域を分離するかべや検問所のせいで、移動はスムーズではなく、数分先の学校まで数時間もかかることがあります。そこで暮らす人びとは、家族の生計を立てるために、仕事に行くのさえ困難なのです。病気になっても、病院にかかるのはほとんど不可能です。

2009年、ジャナが3歳のとき、彼女の村が平和的抗議の権利を行使し、週1回の抗議活動を始めました。しかし、暴力がふるわれました。彼女が7歳になったとき、友人とおじさんがイスラエル軍に殺されたのです。ジャナは、母親の携帯電話を使って、起きていることを記録し、真実を明らかにしました。そして、彼女は人権レポーターになりました。10代になるころには、彼女の撮影したライブ動画は、世界の何十万人もの人に視聴されるようになっていました。そのため彼女は多くの脅威にさらされました。

それでも、2018年に12歳のジャナは世界で最年少の取材許可証をもつジャーナリストとなりました。

行動を起こした　アニー・アルフレッド

アニー・アルフレッドは、アルビニズム（白皮症）である以外は、アフリカのマラウイのほかの子どもたちと同じです。アルビニズムとは遺伝性の病気で、皮フを太陽から

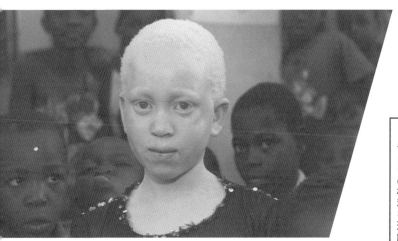

子どもの権利を理解しよう

守るメラニン色素をつくれません。「アルビニズムの人の体には魔法の力が宿る」と信じる人たちによって、アニーは大きな危険にさらされていました。アニーを人間だと思わず、彼女の毛髪や骨を売って、お金にかえようとするのです。マラウイにいる、およそ7,000〜1万人のアルビニズムの人たちは、かれらを殺して体の部位で金もうけをしようとする人たちに常におびやかされています。

> 私はゴーストと呼ばれている。アルビニズムだから。でも、私はみんなと同じ。ただ、はだと髪が白いだけ。でも、私の骨と毛髪には魔法の力があると信じる人たちが、あらゆる手を使って私の体を手にいれて、お金と力にしようとしている。

175

アニーは、犯罪組織の多い地域で、祖母ととても貧しい生活を送っていました。家にはアニーを学校に行かせる余裕はありませんでした。2016年、アニーは8歳のとき、アムネスティが毎年行っているWrite for Rights（権利のために書こう）キャンペーンの対象になることに同意しました。

世界中の何千人もの若者が、連帯や抗議を表すカードを送りました。マラウイの大統領には、アルビニズムの人への攻撃をやめさせてほしいというメッセージが1万通も届きました。この連帯行動によって、すぐに結果がもたらされました。数か月後、マラウイの政治家は法律を改正し、アルビニズムの人の骨や体の一部をぬすんで捕まった人には、終身刑が課されることになったのです。アニーには支援者がつき、安全に守られた全寮制の学校へ入学できることになりました。

行動を起こした　ポルトガルの子どもたち

2020年9月、ポルトガルの4人の子どもとふたりの若者のグループが、フランスのストラスブールにある欧州人権裁判所で、気候変動に関する訴訟を起こしました。多くの政府が二酸化炭素などの排出量削減をおこたって、若者の未来を危険にさらしていると訴えたのです。かれらは世界法行動ネットワーク（GLAN）の支援を受けて、33の国

176

を訴えました。訴訟にかかる資金はクラウドファンディングで集めました。

訴訟の焦点は、気候変動がかれらの生活や心身の健康への脅威になるのかでした。かれらは、国々が排出量削減に速やかに取り組み、気候変動に対する国際的な責任を果たすことを強く求めました。

子どもの権利を理解しよう

15歳のソフィエ・オリヴェイラは、訴えました。

> 私たちは、耐えがたい猛暑が水不足を引き起こし、食糧生産にダメージをあたえるのを見てきました。激しい山火事は、私たちを不安にさせ、森林を歩くのがこわくなりました。2020年には、すでに極端な現象が起きています。私たちの未来はいったいどうなるのでしょうか？

3章

子どもの
権利を
主張しよう

目ざめよ、立て、
立ち上がれ、自分の
権利のために。
目ざめよ、立て、
闘いをあきらめるな

「Get Up, Stand Up」ボブ・マーリーより
ジャマイカのシンガー・ソング・ライター　1973年

はじめの一歩

　これまで見てきたように、権利があるといっても、すべての子どもや若者がそれを使えるとはかぎりません。それを知ることがスタート地点になります。あなたには、あなたの権利を使う資格があっても、状況や住んでいる地域によっては、それが危険な場合があるので、十分な注意が必要です。基本的人権を主張して、傷つけられたり命を落としたりする人もいるのです。

　権利を主張することで、権利を制限している国の法律や、地域の規則に異議を申し立てることになる場合があります。ですから、政治や公共の制度を調べ理解したうえで、変化を求める必要があるでしょう。中には、身近なところで虐待が起きていて、立ち向かうのが危険な場合もあるでしょう。

この章では、どのように権利を使ったらよいのか、そのために役立つ情報を紹介しています。あなたは、やってみたい方法を見つけたり、ほかの人といっしょに行動してみたいと思ったりするかもしれません。けれど、そう簡単なことではないことも知っておいてください。あなたにとって、もっとも大切なのは、自分の心身の安全を守ることです。

身の安全をチェックしよう

権利を主張することは、リスクに直面することです。あなたは、あなたと周囲の人を危険にさらさないように気をつけなければなりません。あなた自身の身の安全だけでなく、インターネットでの安全（p.234）、メンタルヘルス（p.248）についても注意深く考えましょう。このことは、とても大事なことです。

- あなたが権利を使うことで、あなた自身やだれかがリスクを負うか。
- どんなリスクや危険があるか。その可能性をすべて考えてみよう。
- その行動によって、あなたと家族の関係がうまくいかなくなる可能性があるか。
- 学校や地域社会や職場で、反発をまねく可能性があるか。
- あなたを傷つけようとする人はいるか。

子どもの権利を主張しよう

181

これらのことに、ひとつでも「はい」と答えた人は、行動について慎重に考える必要があります。信頼できる相談相手はいますか？　できるかぎり可能な段取りを考え、そのうえでリスク回避のために、別のやり方がないかも考えてみましょう。前もって綿密な計画を立てること、そして、身の安全をおびやかすことはけっしてしないことが重要です。

身体的虐待・性的虐待を
受けていたら

　もし、あなたや、あなたの知っている人が身体的・性的虐待を受けている場合は、声を上げることがとても重要です。特に、あなたの尊敬している人や大切に思っている人による性的虐待は、トラウマになります。相手を怒らせたり困らせたりしたくないと思うのは、虐待者があなたをコントロールしているからです。あなたを特別な存在だと感じさせたり、あなたを怖がらせたり、自分の共犯者だと思わせて、あなたが虐待者に感情的に執着するようにして（トラウマ・ボンディング）、影響をあたえ続けようとしているのです。虐待に複数の人がかかわっていたり、長い間続いていたりすれば、あなたはそれをふつうのことだと思いこまされているかもしれません。

　そんな時は、こんな方法を取りましょう。

182

■ あなたは、自分が悪いと感じているかもしれないが、そんなことはない。犯罪者はあなたではなく、相手なのだ。身体的な虐待だけでなく、それが心理的・感情的に虐待なら、虐待者はあなた自身に責任があるように思わせようとする。でも、自分を責めてはいけない。自分を許そう。頭だけでなく心も。

■ 虐待や虐待者について秘密にしてはいけない。信頼できる相談相手を見つけよう。家族、友人、先生、看護師や医師、親せきや地域の人でもよい。無料・匿名で相談を受けつけている電話相談などもある。

■ はずかしいと感じていたり、虐待者におどされていたりする場合は、相談するのは難しいかもしれない。でも、あなたにはずかしいことなど何もないし、あなたのせいではない。そのことを忘れないで、虐待者のおどしに対抗しよう。相談することは、実質面でも感情面でも役立つ。自分を責める気持ちがある場合は必ず支援を求めよう。

■ 信頼できると思った人が、話を聞いてくれなかったり、あなたを裏切ったり、がっかりさせたりしたら、ほかの人を探そう。

■ 虐待はあなたのせいではないことを、いつも忘れない

子どもの権利を主張しよう

183

で！　あなたはそんなふうに感じなくていい権利があるし、あなたの声を聞いてもらう権利がある。

虐待からの生還　コルム・オコーマン

　アイルランドのコルム・オコーマンは、子どものとき、神父から性的虐待を受けていたけれど、だれにも言えませんでした。神父は、地域で尊敬されていたし、教会は地域で大きな力をもっていたからです。コルムは無力感を感じ、虐待は自分のせいだと、自分を責めていました。

　1984年、17歳になったコルムは、家出をして、路上生活をするようになりました。そして、少しずつ虐待から立ち直り、警察への通報を決心しました。すると、神父がほかの子どもたちも虐待していたこと、しかも教会が神父を虐待者であると知っていたことがわかったのです。

　それを知ったコルムは、自分だけでなく、多くの虐待被害者の正義のために活動することを決心しました。コルムは、国に調査を求め、虐待者とカトリック教会の責任を追及するために法的措置をとりました。ローマ法王さえも訴えました。コルムの活動は、世界中のカトリック教会が児童虐待をかくし続けてきたことを世の中に明らかにする助けとなりました。最終的にかれは裁判に勝ちましたが、何より重要なのは、カトリック教会からの謝罪を勝ち取った

ことです。コルムは現在、アムネスティ・インターナショナル・アイルランドのディレクターを務めています。

コルムは自分の体験についてこう語っています。

「活動家として成しとげたことには、もちろんほこりを感じているよ。でも、いちばんうれしいのは、子どもの時の虐待による恥辱感から、自分を解放できたことなんだ。声を上げたら、たくさんの人が、虐待はぼくのせいではないと言ってくれた。頭ではわかっていても、ずっと屈辱感をもち続けていたんだ。それが虐待の本質なんだよ。自分はおそろしい犯罪の被害者だったのに、自分が悪いんだと思って、はずかしい気持ちにさせられ、本当の自分を見失って、虐待のことしか考えられなくなっていた。だから、時間が必要だった。そして、ぼくは助けを得ることができた。

ぼくと同じように傷ついた人は、多分とても孤独だろう。でも、それじゃだめだ。助けを求めるんだ。あなたの国で、信頼できる大人を見つけて、若者の虐待被害者を支援する団体に助けを求めよう。

約束するよ。あなたもきっと乗り越えられる。虐待が起こる前の自分にもどる道を見つけられる。本来の自分の姿をとりもどせる。ぼくがいちばんうれしかったのは、また自分を心から好きになれたこと、目標と喜びと愛情に満ちた人生をおくれるようになったことだ。それが何より大切なことさ。だって、大事なのは、自分自身だからね。」

自分の状況を理解しよう

あなたが権利を守りたければ、まず、自分自身について
しっかり考えてみましょう。あなた自身の権利を使う必要
があれば、抗議活動のやり方（p.198）と、法律について
（p.238）の項目へ進んでください。ほかの人の権利を支
援する活動をするなら、このまま読み続けましょう。

特権を意識しよう

自分の特権がどのようなものでも、それに気づくことに
よって、人とのちがいや、なぜ、みんなが同じ機会を得ら
れないのかが理解できるようになるでしょう。差別を認識
し、それに立ち向かうのにも役立ちます。差別こそが、世
界の多くの権利の侵害の核になっているのです。

あなた自身や周囲の人の生活を観察してみましょう。ほ
かの子どもや若者と比べて、あなたはより多くの権利を実
現できていますか？　あるいは人より少ないでしょうか？
ここは難しいかもしれませんが、自分に正直に考えてみま
しょう。あなたは、すべての人に尊敬をもって接していま
すか？　人をいじめたり、傍観者になっていじめを報告せ
ずにだまっていたりしませんか？

186

ほかの子どもや若者が、言葉や暴力でいじめられているのを見たら、あなたはどうしますか？（もし逆の立場なら、あなたはどうしてほしいですか？）　仲間や友だちと話して、ひどいあつかいを受ける危険のある人はいないか、気をつけてみましょう。どうすれば助けられますか？　家でも学校でも地域社会でも、人権を守る機会はたくさんあります。傍観者になってだまっていれば、いじめを助長します。でも、自分自身の健康と安全も忘れてはいけません。いつでも行動を起こしていいとはかぎらないのです。

子どもの権利を主張しよう

もしあなたが白人でも、「白人の特権」で人生が楽だと決まっているわけではない。権利を否定された経験などない、ということでもない。「白人の特権」とは、ただたんに、はだの色が理由で、恩恵を受けやすく、差別を受けにくいということなのだ。

トランスとノンバイナリーのアライになろう

＊「トランス」はトランスジェンダー、「ノンバイナリー」はノンバイナリージェンダーの略。「アライ」は理解者・支援者。

■ **ジェンダーの多様性を認める。**トランスやノンバイナリーは、たんに人間の多様な個性のひとつだ。

■ **相手の名前を尊重する。**トランスやノンバイナリーの人が希望する名前や性別を使おう。戸籍上の名前や性別をむやみにたずねてはいけない。

■ **正しい代名詞（呼称）を使う。**英語ではThey／theirのような、性別にとらわれない呼び方を好む人もいる。どんな呼称を使えばよいか、無理なく聞ける時にたずねてみよう。あなたが自分の呼称を先に伝えれば、相手も言いやすくなるだろう。

■ **トランスフォビアに対抗する。**トランスとノンバイナリーのすべての人の人生と体験を認識し、尊重して、かれらの対面している抑圧を理解しよう。トランスフォビア（＊トランスジェンダーの人たちやトランスジェンダーに対する差別・嫌悪・否定的な感情や行動）的な発言をする友人や家族には指摘して、正そう。有害で非人間的な態度は、トランスの人たちをつかれさせ、苦痛をあたえる。そんな時には、アライの助けがとても役立つ。

■ **聞いて学ぶ。**もしまちがったことを言ってしまったら、正直に謝って、学ぼう。こういうまちがいは、トラン

188

スフォビアとは異なる。

自分の住む地域に変化を起こそう

　権利を主張し、変化を起こすためには、世論が味方してくれるとやりやすくなるでしょう。なので、まず、自分の家庭や地域社会と、権利についての知識を共有することから始める人もいます。周囲の意識を高めて、少しずつ変化を起こしていくやり方です。家族や友人や地域社会の人たちと、権利について、あるいはあなたがもっとも関心のある特定の権利について話し合ってみましょう。権利への意識が高まれば、影響力も大きくなるので、周りの人たちの理解があなたの活動の助けとなるでしょう。

　調査によれば、だれかにどなられたからといって、重要な考えを変える人はほとんどいません。ですから、あなたが自分の主張にどれほど熱い思いをもっていたとしても、相手の考えを尊重する努力をしましょう。相手の立場に共感し、あなたの主張を、相手が理解しやすい言葉に言い換えて伝えるほうが効果的なのです。

家庭で話し合うには

　権利の問題は複雑なので、特に親や保護者と話しにくいかもしれません。次のようなステップを試してみましょう。

　　■話し合いによって何をどうしたいのか、前もって考え

子どもの権利を主張しよう

ておきましょう。あなたの話を聞いて理解してほしい
のか、助言や意見がほしいのか、あるいは、あなたが
行動を起こすために親の許可やサポートを必要してい
るのか。対話を始める前に、あなたが求めていること
を伝えれば、おたがいにとって役立つでしょう（たと
えば、「さえぎらないで話を聞いてほしい」「アドバイ
スがほしい」というように）。自分の気持ちを確認して、
考えや希望をできるだけ明確にしましょう。

■ 相手の理解しやすい例をあげると、話をよく聞いても
らえます。正直に話しましょう。相手の考えを理解す
る努力をしていると伝えれば、よい話し合いをするの
に役立ちます。親し気な口調で、相手を尊重して話し
ましょう。

■ 自分も大人もイライラしていないときや、忙しくない
ときを選んで話すようにしましょう。

■ 大人は、それが親であっても、常にあなたと同じ見方
をするわけではないし、あなたの思い通りになるとは
かぎりません。あなたの考えを否定されるのも、親の
サポートが得られないのもつらいでしょう。しかしそ
れにはさまざまな理由があるからなので、必要なら、
先生のような、ほかに信頼できる大人を探しましょう。

190

誤った主張に反論しよう

　子どもの権利を否定する多くの主張があります。それに対抗しようとすれば、反撃にあうでしょう。以下に、よく見られる誤った主張と、それへの反論を提案します。

> 子どもは経験が浅いから、自分にとって何がいちばんよいかがわからないし、判断力もない。

　人類の歴史を通して、権力者はしばしば他者を無能呼ばわりして、権力を守ろうとしてきました。この誤った主張は、たとえば女性の選挙権を否定することにも使われました。多くの権利をもつことで若者がまちがうこともあるでしょうが、大人だってまちがえることはあります。こんな主張は、どんな権利もうばう理由にはなりません。

> 子どもには責任ある決定をする知的能力がない。

　知恵は年齢で測れるものではありません。その人の成熟度や知識で測るものなのです。能力が年齢と共に発達するとはかぎりません。18歳（あなたの国の成人年齢）に達する瞬間と「能力」を同一視することは勝手な尺度で、多数の子どもたちの能力を無視することになります。

子どもの権利を主張しよう

191

> 子どもは影響を受けやすいし、人に操作されやすいから、参加させるのは危険だ。

　だれでも、大人であっても、ある程度、人から影響を受けているものです。子どもは人に操作されやすいからと言って、子どもや若者の権利を否定するのは、うばうことのできない普遍的な人権のわく組を誤解しています。

> 子どもの権利は、ほかの人権と同様、欧米の概念で、帝国主義のひとつの形だ。

　世界中のどの国にもその文化にも、不正や差別のあるコミュニティは存在します。そこで抑圧されてきた人たちの要求が、人権と子どもの権利の発展につながったのです。国連子どもの権利条約が、197か国中196か国によって批准されていることを忘れてはなりません。

役立つスキルを身につけよう

　意見を明確にして自分の主張を説明し、問題に対する認識を高めて反論に対抗できれば、あなたは権利を主張しやすくなります。そのスキルを身につけましょう。

ディベートを学ぼう

　ディベートとは、ひとつの問題について、賛成派と反対派に別れて議論するものです。人前での話し方や、説得力のある議論の仕方を身につけるためのよい方法です。多くのディベートのグループは議会制度をモデルにしているので、政治の言葉に慣れるのにも役立ちます。ディベートは建設的な話し合いを促進し、自分や聴衆が、その問題について見解を変えることも起こります。

　ディベート・クラブがあれば参加するか、なければつくるのもいいですね。あなたの地域や学校で、積極的にディベートに参加したり、企画したりするといいでしょう。

　準備として、議論するテーマについて調査をし、しっかりとした知識をつけておきます。テーマについて、自分の立場だけでなく、すべての面から考えてみましょう。相手が言いそうなことを予測して、反論も用意しておきましょう。文章にまとめるのも、よいスタートです。できれば友だちと練習しておきましょう。

ディベートに役立つポイント：
- 自信をもってはっきり話す。
- 聴衆とアイコンタクトを取る。
- 強力な証拠、事実を力強く述べる。

子どもの権利を主張しよう

- 相手の証拠が正確か（不正確か）を見極める。

- 強い結論でしめくくると、人の記憶に残る。

- 相手に挑戦するのはいいが、相手への尊敬を忘れない。

- 経験不足でも大丈夫。練習すればうまくなる。

模擬国連（MUN）は、国連がどのように運営されているかをもっと知りたいという若者のための活動だ。

毎年、世界中の学生や大学生が何十万人も参加して、現在の問題についてディベートしたり、決議案の草稿を書いたり、戦略を練ったり、交渉したり、紛争を解決したり、国連の手続きについて学んだりする。

今日、法律、政治、ビジネス、芸術の分野や、国連で活躍するリーダーたちの多くは、若い時にMUNに参加している。あなたがMUNに興味があっても、学校がMUNに参加していないようなら、MUNクラブをつくる手助けをしてくれる先生を探してみよう。

スピーチの仕方

聴衆の前でスピーチをする機会ができたら、インパクト
をあたえたいものです。以下はそのためのガイドです。

準備しよう：

- 前もって決めなくてはならないもっとも重要なことは、
  何が自分の主な目的かということだ。聴衆にどう感じて
  もらいたいか、スピーチを聞いた人たちにどういう行動
  をとってほしいのか？　そのことが話し方や、何を話す
  かに影響する。

- スピーチをする会場と観客について調べておく。

- すべての時間を話し続ける必要はない。目的を果たすた
  めにほかにどんな方法があるだろうか？　たとえば、短
  いビデオを見せる、聴衆に手を上げて質問をしてもらう、
  など。

- スピーチの原稿を書いておく。原稿をそのまま読む人も
  いるけれど、前もって練習して、内容をよく理解してお
  くといい。大事なところをメモにして、それに沿って話
  していけば、重要な点を忘れずにしかも自然な口調で話
  せるだろう。

- 観客の注意を引くような、力強いエピソードや事実から
  話し始める。

子どもの権利を主張しよう

- 自分について話す。たとえば、なぜこの問題が自分にとって重要なのかなど。あなたをひとりの人間として感じてもらえば、話すことが聴衆にとってより意味をもつことになる。

- 事実や証拠を示して話す。それらが適切で正確なものであるかは、前もって確認しよう。

- 複雑な考えや問題はわかりやすく分けてシンプルに話す。

- 批判的思考を使う。批判や批評をする時は、相手への尊敬の気持ちを忘れない。

- 前向きな言葉でしめくくる。聴衆が前向きな気持ちで帰れるように。

- できれば人前でリハーサルをしておく。強調したいポイントについて、自然にスムーズに話せるまで練習する。

- スピーチの長さを計って時間内に収まるようにしておく。スピーチが短すぎて、文句を言う人は少ない。それに質疑応答の時間もできる。

- どんな質問が出るかを前もって考えて、答えを準備しておく。

スピーチを始めたら：

- 自己紹介をして、何をどのくらい話すか、予定を伝える。

- ゆっくり、深呼吸をして、あわてずに。

- 聴衆に笑顔を向ける。不安だと思わせないように。

- ゆっくり話す。ほとんどの人は早口すぎる。聞き手が話を理解しにくく、通訳や手話通訳者も苦労する。

- 頭だけでなく心から話す。メモを見ながらでもよい。

- 堂々とした態度で。実際より少し背伸びしてもいい時だ。

スピーチを終えたら：

- 聴衆にお礼を言う。

- スピーチの後で、機会をあたえてくれた団体に感謝する。

- うまくいかなかったとしても心配しなくていい。そこから積み上げて行けばいいのだから。人前で話すのは、いつだって新しい経験になるし、学習の機会にもなる。次回のスピーチにも役立つのだ。

活動家になろう

　活動することは、自分の主張に人びとの注意を向けさせるのに強力で役立つ手段です。それにはいろいろな方法がありますが、本質は、自分にとって重要なことについて行動を起こし、前向きな変化を起こすことです。ほかの人にも行動を起こすようにはげまし、サポートすることでもあります。たとえひとつひとつの行動は小さくても、みんなの行動が合わさって広まれば、最終的に大きな波を起こせます。前向きな変化が起こると、しばしば政治家や指導者の功績とされますが、ほとんどの場合は、献身的で熱心な一般市民の長く賢明な努力によるものなのです。

　活動は、すべての人の平等な権利を尊重する、楽しい行動でもあります。自分の宣伝や、批判、他者の権利を否定するものであってはなりません。強い活動家になるには、共感力が必要で、思いやりが大切です。異なる視点も理解する努力をし、好奇心をもちましょう。他者の言葉にも耳を傾け、その人の声を上げる権利を支援しましょう。得た知識を使って、活動家としての道を切りひらきましょう。くじけそうになったときは、その原因は権利を否定する制度や個人のせいであって、自分の権利を使おうと奮闘しているあなたのような人たちのせいではないと、覚えておいてください。

多くの活動家の活動方法：

- ある考えについて活動を始め、ほかの人たちに影響をあたえ、味方になってもらう。
- 障害になっているものを特定して、ひとつひとつ取り除く。
- 反論にうち勝つために、声を拡大する方法を見つける。平和的な抗議活動をする権利を使う。
- 当局が行動を起こさざるを得なくなるまで、圧力をかけていく。

活動を起こすための方法を紹介してきましたが、活動にはリスクがともなうので、あなたの安全を慎重に確認してください。水面下で静かに自分の役割を果たさなくてはならない場合もあるでしょう。でも、どんな活動も重要だということを忘れないで。長い時間がかかっても、自分や他者のための本当の変化を起こせるかもしれません。そうでなくても、あなたの活動は希望とインスピレーションをもたらします。小さな行動が大きな波及効果を起こすことも覚えておいてください。

活動のための準備・方法・アイデア

　活動の方法は、あつかうテーマや場所によって異なります。自分の時間や安全、そして自分にとって本物だと感じられる、自分に合う方法でやりましょう。できれば、親や保護者と話し合って、活動の輪に加わってもらいましょう（p.189）。

　ここには、活動のために何をどの順番で行うかも書きましたが、これは調整可能です。順番が自分に合わなければ変えてもよいでしょう。自分だけでなく、友だちや仲間といっしょに取り組むと効果的です。

１.問題を特定する	６.圧力をかける
２.調査（リサーチ）する	７.政治家の責任を問う
３.アライ（理解者・支援者）を見つける	８.自分の声を賢く使う
４.計画を立てる	９.公に訴えかける
５.抗議活動（キャンペーン）を始める	10.声を上げる

1．問題を特定し、目標を明らかにする

あなたが熱意をもっている権利（けんり）の問題を特定しましょう。あなたは使えても、ほかの人には使えない権利があるなら、その人たちのアライになる方法を探りましょう。あなたの人生や体験はかれらと大きくちがっているかもしれません。かれらが必要としていること、要求は何なのか。自分と同じだと思いこまないようにしてください。

目標を明確にして計画を立てましょう。目標に到達するための方法と予定を考えましょう。いきなり飛びこんではいけません。まず、自問しましょう。今、自分たちはどこにいるのか？　どこに行きたいのか？　どうすれば行けるのか？

問題をあらゆる角度から見てみましょう。証拠（しょうこ）はあるのか、成功の確率についても考えましょう。そうすれば、さまざまな段取りと結果を予測するのに役立ち、具体的な計画を立てることができます。もし、Ａ案が成功しなくても、Ｂ案、Ｃ案の準備をしておけば、しんぼう強く活動を続けることができます。

2．調査（リサーチ）する

調査（リサーチ）は必ず必要です。行動を起こす前に、

子どもの権利を主張しよう

201

できるだけ多くの事実を見つけ、問題を検証しましょう。

否定されたり侵害されたりしているのはどの権利ですか？　その責任はだれにあって、どうすれば変えることができますか？

調査によって、目的を達成する方法が明確になります。

調査を意味のあるものにするには、正確さが欠かせません。事実が重要なのです。「フェイクニュース」を信じてはいけません。批判的な目と問いによって、信頼できる情報源を見極めましょう。出発点として、ウソをついたりまどわしたりすることで利益を得る人がいるか、なぜウソの情報を流すのかを考えてみるのです。情報を提示された通りに信じてはいけません。常に、いつも、情報源を調べてください。

調査をするときの問い：

- 否定されたり侵害されたりしているのはどの権利？
- それはどこで起きている？　個人に対して家庭で？　組織的に、学校で、地域社会で、信仰の場で？　企業が加担しているか？　警察や政府がかかわっているか？　国家レベルか、国際的なレベルか？
- 権利を侵害しているのはだれ？　個人か、集団か？
- あなたの住んでいる地域の法律はどうなっている？　法律は、国や地方によって異なる場合がある。
- 状況を改善するのに、影響力や権力をもつのはだれ？

決定権をもっているのは? それぞれの段階に複数の責任者がいるかもしれない。
- 権力を悪用しているのはだれ?
- 傍観して状況を放置しているのはだれ? 見ないふりをしたり、問題に背を向けたりすると権利の侵害は起きやすい。
- 何を変える必要があるのか? どんな順番で取りかかるか?
- 権力者は何をどう変えるべきか?
- あなたのアライはだれか? 個人、団体、草の根グループなど、考えてみよう。
- 意思決定者に注目されるために何をすればいいか? かれらが正しいことをするように促すために、どんな圧力をかければいいか?

子どもの権利を主張しよう

3．人びとの力：アライを見つける

　仲間と行動を起こすと、強い力が発揮できます。あなたが取り組むテーマに関心のあるアライを見つけましょう。

- あなたの目的を理解してくれる友人や家族のなかから、仲間を見つけよう。
- 自分の目的に合うグループが学校にないか調べてみよう。アムネスティ・ユース・グループに参加するのもいいし、なければ自分で始めよう。
- その問題をあつかっている団体を探して、助言やサポートを求めよう。
- 問題に興味を示してくれる地域の団体、ネットワーク、草の根団体を見つけよう。そこに参加し、いっしょに活動できるか聞いてみよう。
- 子どもや若者、サポートしてくれる大人といっしょに、自分の団体を立ち上げよう。
- 多様性を重視しよう。活動を成功させるには、範囲をせまく定めず、多様で公正でアクセスしやすいものにしておくといい。歓迎されていない、仲間に入れないと感じさせると、たいていうまく行かない。
- 常にほかの人たちの経験や文化や信念に敏感になり、オープンな気持ちで接しよう。

4．計画を立てる

　活動の目的にもよりますが、本当の変化を成しとげるまでには長い時間がかかるという覚悟が必要になるかもしれません。その活動はいつ終わるのか、何週間後、何か月後、何年後、もしかしたら一生かかるかもしれません。

　活動のための計画を立てましょう。地域社会の特別な日や、定期的な活動の日を書きこみましょう。活動のピークとなりそうな日や、よい機会がおとずれるのはいつか、それに合わせて活動を計画しましょう。

　活動を起こすための資源や人材を確保しましょう。それらが十分でなかったら、活動のスケールを小さくするか、もっとやりやすい方法に変えましょう。活動と活動の間隔(かんかく)が長ければ、時間はかかってもストレスを軽減できます。

子どもの権利を主張しよう

5．抗議活動（キャンペーン）を計画する

　当局者があなたの行く手をはばむようなら、当局者に抗議活動のスポットライトを当てましょう。これは非常に集中的な活動の仕方で、明確な目的と期間を決めなくてはなりません。キャンペーン展開の例をいくつかあげます。

- 政府の法律や政策の変更を求める。
- 一般の人たちに影響をあたえる努力をする。
- 一般の人たちや主要な意思決定者に対して教育する努力をする。

　キャンペーン活動には、**デモンストレーション**や**デモ行進**のような公の活動と、政治家に対する**ロビー活動**のような舞台裏での活動もあります。これらについては、この章で説明します。

6．圧力をかける

　子どもの権利を守るのは指導者の義務です。あなたの国の法律を利用して、権利を侵害する人や、状況を改善する力をもつ人に、よくない状態を正すように圧力をかけます。その権利があなたにはあるのです。

　調査をすれば、侵害や違反されているのは何の権利なの

か、どう変えるべきか、そして、変える力と影響力をもつのはだれなのかがわかります。その問題は、家庭内、学校内、地域社会、あなたの国、国境を越えた国のものかもしれません。あなたには自分の権利を使う権利があります。権力をもつ者に、子どもをサポートし、子どもの権利が守られるようにする責任があるということを思い出させてください。

どれだけ変化が実現すれば、あなたにとって十分ですか？　侵害されている権利によって異なりますが、対象となる相手が次のような変化を起こせば十分かもしれません。

- （差別のような）違反をやめる。
- 謝罪する。
- 過去の決定と行動を見直す。
- 政策を変える。
- 権利侵害を行った責任のある人に教育を受けさせる。
- 被害者に補償する。

もし、犯罪に相当する侵害なら、捜査と公正な訴追が必要です。そのために正式な法的手続きを取らなくてはならない場合もあります。状況によって異なりますので、あなたの住む地域でどうすれば適切か、くわしく調べる必要があります（法律についてはp.238）。

207

7. 政府や社会に声を上げる：
政治家の責任を問う

　権力をもつ者に、子どもをサポートする義務があると納得させることが大事です。多くの場合、子どもの権利を守る最終的な責任は政治家にあります。政治家はあなたの声に耳を傾ける義務があります。それは、あなたが18歳未満（あなたの国の成人年齢未満）であっても、あなたが住んでいる国の国民でない場合でも同じです。あなたは政治家の責任を追及することができます。今の状況を変える必要がある、と言い続ければ、事態を動かすために、政治家への大きな圧力となるでしょう。

　政治家を巻きこまなくても目的の達成は可能ですが、より困難になるかもしれません。政治家は、あなたの望む変化をより早く達成する助けになります。政治家を巻きこむかどうかは、成功と失敗の分かれ目になるかもしれません。
　政治家に個人的にかかわるのか、公の場でかかわるのか、

もっとも効果的な方法を選びましょう。

政治家へのアプローチの仕方はいくつもあります。

政治的な計画を立てよう

まず目標を立て、どの政治家にアプローチするかを決めます。もっともよいアプローチの仕方を考えるために、以下のことを明確にしましょう。

- 政治家に取り上げてほしい問題は何か。
- その問題に関する法律、政策、物事をすすめる過程の責任者はだれか。変化を起こせるのはだれなのか？その問題は、地域社会、地方、国のいずれの問題か。
- あなたの味方（アライ）になりそうなのはだれか？政党、特定のグループ、主要なひとり、あるいはふたりの政治家か？
- その政治家はどんな変化をもたらすことができるのか。

政治家について調べよう

次に、その政治家について、情報を得る必要があります。それによって、コミュニケーションをとるよい方法もわかるでしょう。次のことを調べてみましょう。

- 自分の住む選挙区を代表している地域、地方、国のレベルの政治家はだれか？（それによって権限と責任が異なるのを忘れないように）

子どもの権利を主張しよう

209

- その政治家の政党はどこか？　その政党の政策は？
- その政治家の政党は現在政権を担っているか？　それとも野党、あるいは無所属か？
- あなたの問題について変化を起こす影響力が、その政治家にはあるだろうか？
- あなたにとって重要な問題について、政治家の立場は？　その政治家は人権や子どもの権利の擁護者といえるか？　かれらの政策について、議会での投票記録、新聞記事、インタビューなどを見てみよう。
- かれらのかかげる将来の構想は？　もっとも重視している問題は？　目標は何か？
- かれらのアライはだれか？　共に働いているのはだれ？　かれらに影響をあたえられるのはだれ？　親しい政治家はだれ？　どんな地域社会のグループや団体にかかわっているか。

その政治家にコンタクトを取ろう

　公に行動する前に、まず個人的に返事をもらえるように行動してみましょう。コンタクトを取る方法はたくさんあります。

- 直接会う努力をする。政治家が参加する公のイベントは、自己紹介をするのによい機会になる。相手への尊敬の気持ちを忘れずに。
- あなたの学校、大学、職場が、その政治家を講演に招

待してくれるか調べてみる。

- 政治家のSNSなどにコメントを投稿してみる。何度も投稿していたら、目をとめてくれるだろう。

- 手紙を送る。政治家はたくさんの手紙を受け取るが、もしあなたがその政治家の選挙区に住んでいるなら、そう書けば効果的だ。手紙の冒頭に必ずそのことを書こう。

- 政治家の事務所に電話する。話すことは前もって練習しておこう。あなたがその政治家の選挙区民であればそれを知らせ、必要ならメッセージを残して、なぜ電話をかけているかを説明する。返事がなければまた電話をかけよう。でもかけすぎないように。1〜2週間後に、何か進展はないかとたずねるのはよいだろう。

- 政治家をイベントや会合、そのほかの活動に招いてみる。余裕をもって少なくとも1か月前には知らせる。地域で請願書に署名を集める。請願書（署名と郵便番号が記されている）を提出すれば、多くの**有権者**が変化を求めていることの証明になる。

　もし政治家に会う機会がなくても、次のステップに進んでよいのです。政治家が面会を拒否した場合や、変化を起こす約束をしない場合についても、前もって備えておきましょう。そうすれば計画の次のステップにすぐ取りかかれます。次の段階は公にすることです。その政治家について集めた情報で、どの方法がより効果的かわかるでしょう。

子どもの権利を主張しよう

211

政治家への手紙の書き方

　子どもの権利について思っていることや、問題だと感じていることは、政治家あてに手紙を書いて訴えることができます。あなたの安心・安全を守れるか確認したうえで、手紙を書いてみましょう。

宛名、要望など

あいさつ

冒頭に、あなたが訴える問題を簡潔に書きましょう。

その理由を説明します。事実関係や明らかなデータなどがあればそれも入れて、必要なことをまとめます。

こども基本法への要望

市議会議員　○○○○様

　こんにちは、私は△△在住の○○と申します。本日は、○○議員にお願いがあって連絡しました。

　私は、こども基本法が成立したことで、より子どもの権利が保障される社会になってほしいと願っています。
　けれど、まだまだ子どもたちには意見を言える場が少ないのです。ぜひ市議会でも、子どもの意見を聞く場を設ける議論をしてください。アクセスしやすい電話やメールなど、いくつかの方法をつくってください。また、子どもの意見がどのように反映されたかも、私たちにわかるようにしてほしいです。
　子どもの権利に関する市議会での話し合いについて、今後の予定、情報をどのように発信していくかお知らせください。
　どうぞよろしくお願いいたします。
　○○議員の市議会でのご活躍を応援しています。

○○○○年○月○日
住所
名前

Eメールなら、件名の欄に問題点をはっきり書いておきましょう。

ここでは、あなたが望んでいること、問題だと思っていることを簡潔に説明し、どうしてほしいかを書きます。

最後には、返事をもらえるように「どのような予定や決定があるか情報をお知らせください…」のように書くとよいでしょう。

自分の名前と連絡先をきちんと書きましょう。

手紙を出すまで

1. 何の問題を訴えるのかを決める。

2. だれに訴えるのかを考える。国会議員か地域の議員か。

3. 議員の事務所の窓口、手紙やメールの書き方や送り方があるかを調べる。書き方や送り方のフォーマットがあればそれにそって書いて送る。

4. フォーマットがなければ、この手紙の例を元に書き、送る。

子どもの権利を主張しよう

政治家との効果的なミーティング

できれば直接、政治家と会いましょう。あなたが不安に思っている問題について、集中して話し合うよい機会になります。

- 政治家の事務所のスタッフで、ミーティングを計画してくれる人はだれか？　その人とよい関係を築こう。
- 政治家か、そのスタッフにEメールか手紙を送ろう。自分のことをくわしく紹介し、話し合いたい内容も伝えよう。Eメールを送ったら、電話をかけよう。何度もかけなくてはならないかもしれない。すぐに返事がなくても、ミーティングを断られても気にしないこと。政治家には非常に多くの要望が寄せられているので、あきらめないこと。

- 政治家と会うのは緊張するだろう。しっかり準備をしておこう。ひとりではなくサポーターといっしょに行こう。2～4人が理想的。主に話すのはだれかを事前に決めておくと、話が混乱しない。政治家と話せる時間はかぎられているので、話の要点をしぼり、目的を明確に述べ、要望は3つ以下にし、問題点を簡潔に伝えよう。

- あなたは専門家であることを期待されているわけではないので、政治家の質問に答えられなくても、「調べてから返事をします」と伝えればいい。メモを取って、必ず調べて返事をしよう。

- できれば、いくつかの可能な解決策を伝えよう。問題解決の現実的な解決策があることを政治家が知れば、役に立つ。政府として何をすべきか、政治家個人として何ができるかについても話そう。そうすることによって、政治家はミーティング後に行動できるだろう。

- 最後に、時間を割いてくれたことを感謝し、要望をもう一度まとめて伝えよう。問題の要点と3つの要望を1ページにまとめたものを手渡すか、別の方法で伝えるとよいだろう。未解決の点については、その後、再確認して解決策を考えてもらうために、自分たちの連絡先を知らせておくのも忘れないように。

- ミーティング後の作業：ミーティングで話した要点と、合意された次のステップについて、メモを取っておく。メモを読んで、次回に改善できる点はないか考えてみ

子どもの権利を主張しよう

よう。アプローチでうまく行ったのはどんなことだろう？　あなたと共に運動をしている仲間と共有できることは何だろう？

■ 政治家に時間を割いてもらったお礼の手紙を書く。自分以外のだれかに書いてもらってもいい。手紙で要点をくり返し述べ、あなたの要望と、政治家が同意したことについて書こう。調べると約束した情報も付け加えよう。ミーティング中に撮影した写真も送ろう。その問題についての新たな情報を伝え続けるつもりだと知らせよう。

政治家とのミーティングには3つの結果が考えられます。

■ 政治家があなたの言ったことすべてに同意して約束した場合。これはすばらしい結果で、約束をきちんと守ってくれるかどうかを見守り、確認しよう。

■ 政治家が要望の一部だけに同意した場合。連絡を取り続けて、さらなるアプローチを考えよう。

■ 政治家が約束をしてくれなかった場合。ほかの戦略をさぐろう。少なくともその政治家の立場を知ることができたことは成果になる。

特に政府の特別委員会を通して、地域の政治家に子どもの権利侵害を調査するよう働きかけてみよう。子どもの権利に特化した委員会をつくるように促そう。あるいは、ほかの人権委員会が子どもの権利にも十分な関心を示すように働きかけよう。

8．自分の声を賢く届けよう

　変化を起こすためには、聴衆とどうコミュニケーションをとるかが大事です。背を向けさせず、気持ちよく参加してもらうためには、刺激やひらめきをあたえなければなりません。創造的であること、同時に慎重な計画を立てることです。

　はじめに、あなたの声を届けたい聴衆を決めましょう。どんな方法でメッセージを伝えますか？　対象が決まれば、かれらの望みを知って、影響や変化をあたえることができます。対象者を明確にし、かれらの生活の状況を理解する努力をしましょう。対象者の関心事や求めていることを知りましょう。どうすれば対象者の関心を前向きに引きつけられるでしょうか？

それがわかったら、味方にする方法を考えましょう。

- あなたの活動、あなたがだれなのか、何が目的なのかを明確にする。
- 個人的な問題として訴える。実在の人の例を出すこと

子どもの権利を主張しよう

217

によって、自分の問題として受け止めてもらい、印象に残るように可能性も示す。

■ だれかの写真や実例などを使う時は必ず同意を得ること。

■ 自分たちにも変化が起こせるという、希望に満ちたメッセージで人びとをはげます。

■ 恐怖やトラウマを引き起こすような言葉や画像は避ける。

■ どの権利が侵害されているのか、なぜそれが重要な問題なのかをはっきり説明する。

■ 権利を否定している責任者はだれなのかを伝える。

■ 明確で簡潔で前向きな言葉で話す。

■ 他者の権利を尊重する言葉や絵を使う。それらはインクルーシブ（包摂的）なものであることが大切。

■ みんなにしてほしいことをはっきり伝える。

政治家になることを考えてみよう。あなたは、権利を尊重できる将来のリーダーや、意思決定者になれるかもしれない。まず、地域で小さいことから始めるといいだろう。たとえば、生徒会に参加してスキルをみがいて、政治プロセスを学ぶ、政治家のやり方を観察する。政治家に連絡を取って、助言を求めるのもいいだろう。

9．公の場で活動しよう

公的な抗議活動を開始するのもよいでしょう。もし、市民の多くのサポーターがあなたの目標を支持してくれれば、

権力者に行動を起こすように圧力をかけることができます。

　根気強く続けましょう。変化が起きるまで運動を続けるつもりだと、人びとに伝えることも必要かもしれません。しっかり計画をねりましょう。主な聴衆はだれですか？何が、そしてだれがあなたを支えてくれますか？　もっとも強力な影響をあたえるのは何かを考えましょう。常に、自分と他者の安全に気を配ることも忘れずに。

　以下のような順番で考えてみましょう。

意識を高める

　対象によって話し方を変えましょう。特定の政治家や、そのほかの対象者（変化を起こす力のある人）の調査から、かれらに影響をあたえるもっともよい方法を考えましょう。私たちはふだんも、話す相手によってコミュニケーションの方法を変えるものです。たとえば友だちと先生とでは、話し方がちがうでしょう。それは抗議活動にも言えることです。

　大勢の人たちやコミュニティの人びとを巻きこむ方法を考えてみましょう。運動に参加してほしいのはだれなのか、どうすればもっとも効果があるのか調査してみましょう。聞く人の気持ちがかきたてられるように、あなたが大切に思っていることや、その情熱がどう生まれたかなどについて、個人的な話をしましょう。

想像力のある斬新な方法でメッセージを発信しましょう。地方のメディアや、国や国際的なメディアに連絡をとったり、ソーシャルメディアを使ったりしましょう。地域社会でイベントを開いたり、イベントに出店したり、ポスターをはったりしましょう。

創造的な視点で、一般市民、メディア、そして抗議活動の対象者から、注目（とサポート）を得られるかを考えます。アート展示、無言の抗議活動、独創的なメッセージを書いた横断幕といった数かずの「非暴力直接行動」は、人びとを引きつけ、記憶に残るよい方法です。

非暴力直接行動には、手紙を書く、請願署名を集める、集会やデモ、メディアの注目を集める行動など、さまざまな方法がふくまれる。たとえば、大使館前での徹夜の抗議活動、集会の開催や参加、道路にチョークでスローガンを書いたり、メディアを惹きつけるような行動をとったりなどがある。あくまで自分の住んでいる地域で、安全な場合だけに行うこと。

問題についての認識が高まったら、抗議活動に参加するよう地域の人びとに働きかけましょう。請願書の署名や、平和的な抗議活動に喜んで参加してくれるかもしれません。あなたの抗議の対象となる当局者に、影響をあたえられそうな地域社会のリーダー、組織、個人などはいませんか。もし、いれば、当局者に連絡して話し合ってもらえないか、聞いてみましょう。

抗議活動を広めよう

　抗議活動のために、SNSのアカウントを複数作成しましょう。あなたと興味や目的を共有する活動家やインフルエンサーのアカウントをフォローし、会話に参加したり、会話に誘ったりしましょう。ネット上で、同じ目的を共有する共感のネットワークをつくることによって、より多くの聴衆に訴えかけることができ、抗議活動を広めることができます。

　しかし、SNSで活発に発言すると、好ましくない注目を浴びることにもなります。ソーシャルメディアに自分の実

子どもの権利を主張しよう

名や顔写真を載せるかどうかは、注意深く考えてください。ネット荒らしは無視して、直接会いたいと言ってくる人は警戒しましょう。決して、初対面の人とひとりで会ってはいけません。とても安全な公共の場でないかぎり、必ず何人かといっしょに行ってください。SNSはパスワードで守りましょう。

　あなたが注目している権利について、発言したり支持を示したりしているインフルエンサーや注目されている人に、オンラインで連絡を取ってみましょう。何百万人もフォロワーのいる知名度の高い人は、なかなか返事をくれないかもしれませんが、トライしない手はありません。小さめのプラットフォームに自分自身で投稿したり、フォロワーと直接かかわったりしている人で、社会変革について発言している人はいませんか。かれらがあなたのメッセージを広めて、行動を呼びかけてくれれば、かれらのフォロワーもそれを真実だと感じるでしょう。すると、より大きなインパクトとなって、フォロワーたちがあなたの活動をサポートしてくれるようになるでしょう。

政治家とかかわり続けよう

　抗議活動の対象にしている政治家と、かかわり続ける方法を探しましょう。安全な状況でできるなら、SNSをフォローしたり、その政治家が出席するイベントに参加して質問し続けたりしましょう。政治家のSNSに、礼儀正しく、建設的に投稿するのもいいでしょう。必要であれば、政治家と会いたいと頼み続け、前に断られているなら、その返事を変更できないか頼んでみましょう。とにかく、あなたが活動を続けていること、そして何を求めているかが政治家に忘れられないようにしましょう。

　気をつけよう！　自分の抗議活動からリスクが生じないか慎重に考えよう。公の抗議活動に自分の名前を出すことによって、直接、あるいはネット上でいやがらせや暴力を受けることがある。世界のどこに住んでいるかによって、非常に危険な場合がある。行動を起こす前に、ネガティブなこともふくめて、起こり得るシナリオや結果について考えること。リスクを最小限におさえるために、前もってどんな計画を立てておけばいいだろうか。

10. 声を上げよう：
平和的な抗議をする権利を使おう

　あなたに表現の自由があるように、平和的な抗議をする権利もあります。同じ目的のために人びとと集まる、集会

の権利です。前向きな変化を起こすために、創造的に挑戦することは、あなたの権利です。あなたの声を、安全にそして賢く使いましょう。どの権利を主張するかを明確にしましょう。

あなたにも友だちにもさまざまな才能があるでしょう。思い切りよく現状を打破し、平和的に盛り上げ、人びとの注目を集めましょう。オンラインでもリアルでもいいのです。ソーシャルメディアを使ったり、巨大な人形をつくってデモ行進をしたり……あなたの目標に人びとの注意を引きつけましょう。

効果的な宣伝ができればできるほど、あなたの目標への一般の認識が高まります。人びとの意識を高め、思考を促すことができれば、前向きな変化の実現に貢献できます。

抗議活動は強力なツールです。あなたには、安全な状況下で権利を使う権利があります。権利を主張し、それを楽しみ、自信をもちましょう。

デモ行進や抗議行動を計画しよう

　住んでいる場所によって規則や規制は異なります。デモの計画と日時、行進のルートを警察に書面で提出しなくてはならなくても、デモをするのに警察の許可を取る必要はありません。交通の流れなどの理由によって計画を変更するように言われても、抗議の対象者に届く場所で行う平和的な抗議活動を支援する法的義務が警察にはあります。事前に調べて国や自治体の規則に違反しないようにしましょう。

デモ行進に関するあなたの権利

　デモ行進をすることは人びとの権利であるにもかかわらず、国や、特に警察から暴力的な対応を受けることがよくあります。身の安全に万全の注意をはらうとともに、自分には次の権利があると知っておくことが重要です。

- 自分の意見を街頭で述べる権利がすべての人にある。
- 平和的な抗議が円滑に進められるように、警察や法執行機関は手助けする義務がある。デモの参加者を追いはらったり、逮捕したり、おどしたりといった制限をしてはならない。
- デモ行進のうちの数人が、暴力的な抗議をしたとしても、あなたには平和的な抗議をする権利がある。警察は、数人の暴力的な行為を理由にしてデモを解散させたり、平和的に抗議をする人を取りしまったりしてはならない。

子どもの権利を主張しよう

225

警察は人びとのためにいるのであって、おどすためではない。警察は、事態が悪化する前に状況をしずめる努力を常にすべきなのだ。

■ どの国でも警察官の責任は法律を守り、すべての人の権利を守ることだ。だれを守り、だれを守らないかを選ぶことはできない。

■ 当局者は群衆を解散させるために銃を使用してはならない。

■ あなたには、素早く医療行為を受ける権利がある。

■ あなたには抗議活動を記録する権利がある。警察の行動や暴力、警察官が抗議者に負わせたケガなどを動画撮影したり書き留めたりすることを、当局者は阻止してはいけない。

例外的な場合、たとえば、深刻な暴力の脅威を示す明確な証拠がある場合には、抗議活動を解散させることができますが、一部の抗議者に的をしぼって逮捕するような事態が起きても、それは解散の理由にはなりません。あなたはゴム弾、催涙ガス、スタングリネード（閃光手榴弾）などから身を守る権利があります。これらは大ケガや死につながることもあります。国際基準によって、こうした武器を使用していいのは、例外的な場合の最後の手段として抗議活動を解散させるためだけとなっています。その使用は、法律、必要性、比例性（＊ある目的を達成しようとするとき、より適切な手段を使う）原則に則したものでなければなりません。そうした手段が、国の法律に則したものであること、

（たとえば人命の保護のような）合法的な目的に必要であること、さらに、その目的達成のための最小限の侵入的または制限的な方法であるべきだということです。

　国連は、法執行機関による武力と武器の使用の基本原則をオンラインで紹介しています。インターネットにアクセスできるなら、確認してみましょう。

抗議行動の持ちものリスト

注意：自分の状況を確認しよう。国によっては警察が抗議者の身体検査や所持品検査をすることがあり、「暴力の兆し」と見なすものを持っていると逮捕されることがある。催涙ガスが使われそうな場合は、参加しないほうが無難だ。催涙ガスについてはp.230参照。

小さめのバッグやリュックに、飲み水、スナック、消毒薬、必要ならフェイスマスク、日焼け止め、必要に応じてレインコートや防寒着、現金を持っていこう。

携帯電話があればフル充電して持っていこう。ただしデジタル・セキュリティを確認すること（p.234参照）。
携帯電話のバッテリーが切れた時に備えて、緊急連絡先を自分の手や紙に書いておこう。

長時間立ち続けたり、必要なら走れたりするような、動きやすい服と靴を着用しよう。

クリエイティブなプラカードをつくろう。プラカードのメッセージが伝わるかどうか、仲間に確認しよう。

子どもの権利を主張しよう

デモ行進の際の安全について

- 大きな危険があるようなら参加を考え直そう。通常あなたの国の当局者は、抗議活動に対して、どんな反応をしているか考えよう。国によっては、暴力や死さえ招くことがあるので注意しよう。

- マスク着用など、ヘルスケアのアドバイスに従おう。体調が悪い場合や、悪くなりそうな場合は参加をあきらめよう。

- あなたのカメラや撮影機材を、治安部隊が危険物だとかんちがいする可能性があるので注意しよう。

- どんな抗議活動でも、徹夜の座りこみでも、常に状況に注意をはらおう。活動の傾向や雰囲気で、警察の対応が急に変わることがある。

- できればひとりで行かず、なるべくグループで参加しよう。仲間とはぐれても会えるように「安全地帯（セーフゾーン）」や集合場所を前もって決めておこう。

- 抗議活動に参加する時は、警察官がどこにいるか、今いる場所からもっとも近い出口はどこか、常に確認しておこう。

- 周囲で何が起きているかを常に意識しよう。居心地が悪いと思ったら、そこからはなれよう。何かが起きて緊張感が高まったら、落ち着いて気持ちを集中させ、できるだけ早く危険や警告に対応しよう。
- 通行人や反対派からのヤジは無視しよう。不要な口論に巻きこまれないように。
- 群衆の逃走に巻きこまれたら、流れからはなれた横道を見つけて、にげこもう。事前ににげるルートを考えておこう。
- あなたがマイノリティ・グループの一員なら、国によっては、警察から暴力を受けるリスクが高まるかもしれない。あなたが多数派グループの一員であれば——多数派がだれであったとしても——味方を必要としている人に連帯感を示そう。

子どもの権利を主張しよう

催涙ガスやペッパースプレーを浴びせられたら

ペッパースプレーは、カプサイシンが、目や鼻、口の粘膜を刺激して強い痛みや炎症を引き起こすため、相手を一時的に無力化することができる。催涙ガスやペッパースプレーを浴びせられそうになったり、警察官がガスマスクを装着するのに気づいたりしたら、風上に向かってにげよう。もし、あれば、飛散防止ガラス付きの水泳ゴーグルのような保護具を着用しよう。国によってはこうした防具を持っていると、当局から危険視される場合があるので要注意。

パニックになるとますますあせるので、落ち着くこと。

ゆっくり呼吸して、これは一時的なものだということを忘れないで。

鼻をかみ、口をすすぎ、せきをして、つばをはき出すこと。のみこまないようにしよう。

コンタクトレンズをしている人は、汚れていない清潔な指で、自分で外すか、だれかに外してもらおう。ガスやスプレーにふれたコンタクトレンズは洗浄できないので、捨てること。コンタクトを目にこすりつけないことがもっとも重要だ。メガネの予備を持っておこう。

制酸剤と水を同量混ぜた液で、目を洗浄しよう。これは、マーロックス（Maalox）のような水酸化アルミニウムや水酸化マグネシウムベースの制酸薬にかぎり、シメチコンベースの制酸薬ではないので注意！　水を携帯することを忘れないように。国によっては、洗眼薬を持っていると当局から危険視されることがあるので注意する。

体に不調が生じたら、できるだけ早く両腕を広げて歩き回り、汚染された服を脱いで、冷たいシャワーを浴びること。

警察官に呼び止められたら

警察に呼び止められた時の対応の仕方によって、あなたの権利が侵害されるリスクがちがってきます。

事前に調べておこう

18歳未満に対する警察の対応の特別なガイドラインを定めている国もあります。いちばんよいのは、あなたの国（またはあなたが住んでいる国）の規則を事前に調べておいて、警察に呼び止められた時の自分の権利について知っておくことです。

警察から誤った対応をされないために、警察が何の法律にもとづいて、あなたを呼び止めたり、質問したり、身体・持ち物検査をしたりしているのかをたずねましょう。あなたの国の警察を取り巻く文化を知っておくことも重要です。あなたが反論したり、違法な要求をこばんだりした場合に、警察がどんな反応をするかも考えておきましょう。自分の権利のために立ち上がることには、潜在的なリスクがあるのです。自分の身の安全が第一です。

警察との話し方

- 落ちついて──礼儀正しく、質問をはぐらかしたり、さえぎったりしないで話す。敵意や、攻撃的な態度をしない。
- 警察に自分の名前を告げたり、身分証明を渡さなくてはならないのは、法律上必要な場合だけだと知っておこう。
- 多くの国では黙秘権が認められている。あなたの国の法律を調べておこう。警察にウソの情報をあたえないこと。法的に義務付けられていない質問には答えないようにしよう。
- 国によっては、不法なものや盗品をかくしているという妥当な疑いがある場合にのみ、警察は身体検査や所持品検査を行うことができる。令状がなければ検査ができない国もある。不法な検査に同意しないために、あなたの国の捜査のやり方を調べておこう。

逮捕されたら

　警察に逮捕されて身柄を拘束されたら、すぐに弁護士を依頼し、警察の質問には何も答えてはいけません。弁護士と個人的に相談する前に、何かに署名したり、決定をしたりしてはいけません。

苦情の申し立ての仕方

　警察から権利を侵害されるリスクを減らす努力をしても、それでも警察はあなたの権利を侵害するかもしれません。その場合は次のような手順で、法的に苦情の申し立てをすることができます。

- ■ 警察官とのやり取りの間に、警察官の名前、警察官バッジの番号、所属する部署や科を書き留めておこう。後に苦情の申し立てをしなくてはならない場合は、こうした情報が重要になるかもしれない。
- ■ 安全な状況であれば、あなたやそばにいる人が、あなたと警察官とのやり取りを動画撮影しておくと、権利侵害の証拠として使える。
- ■ 可能であれば、目撃者になってくれそうな人の名前と詳細を聞いておこう。
- ■ ケガを負った場合は、証拠として写真を撮って、直ちに治療を受けること。

子どもの権利を主張しよう

233

デジタル・セキュリティについて

　一部の国では、「スパイウェア」のような秘密のコンピュータの監視プログラムを使って、人権活動家を監視していることが知られています。あるいはそう信じられています。これは国民のプライバシー権を侵害し国による監視の許容範囲を超えるものです。

　あなたの国の法律や慣行を調べて、こうしたリスクがないか知っておきましょう。また、陰謀論のようなものに巻きこまれるかもしれません。

　携帯電話のようなデバイスをもっている人は、次のアドバイスを読んでください。デジタル・セキュリティとデジタルのもっともよい使い方を理解しておけば、抗議活動への備えに役立ちます。あなただけでなく、友人や仲間たちの安全を守ることにもなります。

　抗議活動に参加するなら、携帯電話は重要なツールとなります。情報にアクセスしたり、仲間と計画を立てたり、できごとを記録したり、他者を助けたりするのに、携帯電話は頼りになります。

　これは、抗議活動に参加する前に知っておきたい、携帯電話の安全の実践的なヒントです。

234

抗議活動で携帯電話を使うリスク

- 携帯電話を紛失する。
- 警察に没収される。
- モバイルネットワークの故障や過負荷によってサービスが中断される。

一部の国の監視のリスク

- 活動家の携帯電話に悪質なスパイウェアがインストールされる。
- 無線機や無線サービスによって会話を監視される。
- X（旧ツイッター）のような人気SNSへのアクセスを制限するように、ウェブサービス使用を妨害する。
- ライン（LINE）、シグナル（Signal）やワッツアップ（WhatsApp）のようなメッセージや音声サービスへの妨害。
- 抗議活動近くの公共のWi-Fiネットワークを標的にして、アクセス数を監視したり接続デバイスを特定したりする。
- 抗議活動近くのセルタワー（携帯電話の基地局鉄塔）の記録を入手して、抗議者の追跡や特定を行う。

抗議活動に参加する前にしておくとよいこと

- 携帯電話の画面をロックしておくこと。6桁以上のPINコードか長文のパスフレーズを使うことが望まし

子どもの権利を主張しよう

235

い。指紋認証や顔認証などの生体認証を使う場合は、強制的にロック解除させられることも念頭に置いておこう。生体認証オプションは無効にしておくのがよいかもしれない。

- 携帯電話のバックアップ：連絡先、テキストメッセージ、メディアコンテンツや個人的なコンテンツなど、すべてのコンテンツをバックアップしておこう。メッセージアプリのバックアップも忘れないで。

- 予備のモバイルバッテリーやフル充電したパワーバンクを持っていこう。

- 緊急時の連絡先や弁護士の電話番号のような重要な情報は紙に書いておくか、ペンで自分の体に書いておこう。

- 携帯電話のクレジットをチャージしておこう。データ容量が十分なことも確認しよう。

- 抗議活動中に使うアプリに慣れておこう。アプリがアップデートされていることも確認しよう。

- 携帯電話のストレージをチェックしておこう。急にストレージが足りなくならないように、空き容量が十分にあるか、外付けのSDカードがあることを確認しよう。

- デバイスのショートカットを設定しておこう。外で携帯を使う時は慎重になろう。またボタンやキーボードのショートカットを設定しておけば時間の節約にもなる。たとえば、ショートカット機能を使ってカメラをオンにしたり、緊急メッセージを送ったりできる。

ショートカットの使い方を練習しておこう。自分に合うようにカスタマイズもできるだろう。

■「携帯電話を探す（デバイスを探す）」機能を設定しておけば、紛失しても携帯電話を探し出したり、必要ならリモートワイプ機能でデータを削除したりできる。ほとんどのスマホにこの機能があるので慣れておこう。

携帯電話のカメラを使う方法

■抗議活動中には、カメラのフラッシュやシャッター音といったささいなことによって、不必要な注意を引くかもしれない。カメラの設定を確認して安全に使えるようにしよう。

■撮影中に携帯電話をうばわれることがあるので、画面をアンロックせずに、必ずロックしたままショートカットからカメラを立ち上げるようにする。そうすれば携帯電話をぬすまれても、メディアや携帯のコンテンツにアクセスされることはない。

■ほかの人のプライバシーに配慮しよう。写真や動画撮影によって、友人や仲間の身元が明らかになるリスクがある。写真を共有する前に、友人や仲間の身元をかくすようにしよう。モバイルメディアのアプリのクイックエディターを使おう。アンドロイドであればオブスキュラカム（ObscuraCam）や、iPhoneならシグナル（Signal）アプリなどのぼかしツールなどでプライバシーを守ろう。

抗議活動中のデジタル・セキュリティ

- 抗議活動の前や最中に仲間と連絡を取る際には、シグナル（Signal）やワイヤー（Wire）のようなエンドツーエンドの暗号化ができるアプリを使うようにしよう。

- 当局者は巧妙な機器を使うことがある。不正なセルタワーを用いたり、モバイルオペレーターにデータを要求したりして、抗議者を特定しようとするかもしれない。通話やネットサービスを使わない時は、携帯を機内モードに設定して、アクセスをブロックしたり、トラッキングを最小限にしたりすれば、バッテリーの節約にもなる。

法律案内

あなたがもっとも懸念している権利によっては、国の法律の改正を求めることになるかもしれません。前にも述べたように、子どもの権利条約やそのほかの人権条約を批准したすべての国の政府は、条約を守ることを国際法の下で約束したことになります。政府には約束を守るだけでなく、自国において条約で定めた権利を実施する法的義務があるのです。それを効果的に行っているか、あるいは何かを変える必要があるか、というのが問題なのです。

子どもの権利条約は各国の政府に「誠意をもって」条約を守るように求めていますが、どう守るべきとは言ってい

ません。それは政治構造が国によって非常に異なるからです。そのため、国（や州）が自国の法律を使って子どもの権利を守る方法が実に多様なのです。法的な手続きのちがいによっても、子どもの権利の主張の仕方が非常にややこしくなることがあります。世界共通の法的指針を明確に示すのは不可能なのです。あなたの住むところの法律を調べる必要がありますが、調べているうちに迷路に迷いこんだような気持ちになるかもしれません。地方の法律事務所や慈善団体やNGOにコンタクトして、役立つ資料がないかたずねてみましょう。あるいは弁護士や学校の先生にくわしく教えてもらってもいいでしょう。それでも、より多くの若者が権利の主張のために集まれば、成功する確率が増すということも知っておきたいですね。連帯と集団による行動は非常に効果的なのです。

子どもの権利条約を批准していないアメリカ合衆国に住んでいても、権利を主張する方法はある。アメリカは連邦制度を採用しているので、各州が州憲法に子どもの権利を組みこむか、州や地方がそれぞれの法律に子どもの権利がふくまれるようにすることができる。しかし、条約の批准は国家レベルの問題だ。あなたもアメリカが条約を批准するための抗議活動に参加できると知っておこう。

政府が子どもの権利を実施するさまざまな方法

政府は人びとによって構成されています。政府も、私た

ちの多くがそうであるように、もっともシンプルで安価な方法をとりたくなるものです。すると、子どもの権利の保護についても、もっとも実施しやすい方法を選びがちです。

　もし、あなたの国が条約を国の法律に「直接組み入れ」していれば、それはとても好ましいと言えます。なぜなら、それは子どもに関する法律のすべてに、条約が組みこまれるからです。それによって公的機関は拘束され、法廷で強制することもできます。

　しかし、もしあなたの国が「間接的組み入れ」を採用していれば、子どもの権利の強制力が弱まります。条約の効力を完全にするためには、政府によるより充実した法律が必要になります。第3のアプローチは「断片的あるいは部分的アプローチ」と呼ばれるものです。これは政府が子どものどの権利を国の法律に組み入れるか、どの権利を無視するかを決めるもので、あきらかに権利の侵害につながりかねません。

　さらに、政府が特定の権利を留保することによって、その権利を完全に守らなくなるという問題もあります（p.28）。あなたの政府について調べて、もしそうなら、そしてあなたがそれに反対であれば、権利の留保を取り消すよう抗議運動をすることができます。

　あなたの国が、条約を国の法律に直接組み入れるよう運

動をすることもできます。それによって子どもの権利に大きなちがいがもたらされます。あなた以外にも、そうした運動をしている人がいれば、いっしょに声を上げる方法を調べてみましょう。

あなたの国の子どもの権利の担当者を調べよう

政府は、子どもの権利が生活のあらゆる面で守られるようにしなくてはなりません。政治家には国を円滑に運営すると同時に、法律を実施する責任があります。地方、地域、国家のすべてのレベルにおける責任です。

政府によって規制される公的機関、たとえば裁判所、警察、学校、社会福祉サービス、病院などにも子どもの権利を守る義務があります。

もし、あなたが地方の法律を変えたいと思ったら、地方

子どもの権利を主張しよう

自治体の性質によって、さまざまな抗議活動ができます。たとえば、法律を制定する権限が自治体にあまりなければ、すべての地域の公務員が、子どもの権利条約で定められたすべての事項を守ることを求める地方法の制定（条例とも言います）を要求することができます。また、すべての裁判官と弁護士が子どもの権利についての知識を得るように要求することもできます。

　もし、あなたの権利が侵害されたら、関連する組織で働く人に相談したり、政治家に訴えたりすることもできます。かれらはあなたのために解決する義務があるのです。たとえば学校で差別を受けたら、担任教師、学年主任、教育委員会、地方自治体、地元の政治家、国の教育省へと順々に、必要であれば裁判所を通して、苦情を申し立てることができます。

　国の法律を変えるという最終目的を果たすのは非常に困難でしょう。法律は世論や伝統と密接に結びついていることが多いので、長期的な啓発と意識向上のための活動に乗り出さなくてはならないかもしれません。

地域や州に、子どもの権利を専門にあつかう委員会やオンブズパーソンの設置を求めることもできる。それらの役割は、子どもの権利により焦点を当てて保護することだ。

行動を起こした
マリネル・スムック・ウバルド

　フィリピンのマリネル・スムック・ウバルドは、16歳の時に気候変動の壊滅的な影響を受けました。2013年11月13日、記録的に猛烈なヨランダ台風によって、フィリピンのイースタン・サマル州の彼女の住んでいるマタリナオ村が破壊されたのです。6,300人もが亡くなり、数百万人が家を失いました。人びとは水や電気のような基本的な設備のないところに転居させられましたが、生計を立てる仕事もほとんどなく、危険をかえりみずに自分の家に戻った人も多かったのです。

　政府の対応が不十分だと思ったマリネルは、若者の活動家たちのリーダーになり、フィリピン政府にマタリナオ村の人びとのニーズを満たすよう働きかけました。
　また、フィリピンの人権委員会に、化石燃料や炭素を生産する主要な47企業の気候変動に関連した人権侵害について調査するように求めました。これは、国の人権委員会が気候変動の責任について企業を調査した初めてのケースとなりました。将来、気候変動に責任を負う企業への法的措置の基礎となるかもしれません。

法的措置を取る方法

　もし、政治家にコンタクトを取っても支援が得られない場合は、法的措置を取ることもできます。

- まず、あなたの住んでいる地域、あるいは法的措置を取ろうとしている地域の法的な手続きについて調べよう。

- もしそれが可能で適切なら、正式な法的手段を取ることに家族が賛成してくれるかどうか、話し合ってみよう。

- 人権や子どもの権利について無料で助言をしてくれる弁護士を探そう。多くの国にそういう弁護士がいるだろう。

- 費用を支払う余裕のない人を、国が法的援助をしてくれないか、調べよう。

- 市民社会組織や団体があなたの代わりに法的措置を取ってくれる国もある。自分の身分を公にする必要がないため、より安全な方法と言えるだろう。

- あなたを真剣に受け止めてくれる信頼できる弁護士を選ぼう。

- 弁護士があなたや仲間の安全を守ってくれることを確認しよう。

- 法的な手続きを開始するのは、あくまでも自分の安全を確かめてからにすること。

国際的なレベルで

　主要な国際人権条約には、それぞれ条約機関があります。これは条約で定められた権利が世界各国で守られているかどうかを監視する、独立した専門家による委員会です。子どもの権利条約の条約機関は、国連子どもの権利委員会です。この条約を批准したすべての政府は、定期的に報告書を提出しなくてはなりません。委員会は、各国が子どもの権利についてどのような取り組みを行っているか、違反していないかなどをくわしく調べます。国が法律に違反していれば、その違反の程度によって、さまざまな対応が取られます。

　子どもの権利委員会も、ほかの国連の条約機関と同じように、**一般的意見（ジェネラルコメント）** を発表することがあります。これは条約を批准した政府のためのガイドラインを記した文書で、特定の懸念を明確にしたり解釈したりするのに役立ちます。違反の可能性について述べ、政府に義務を果たすように助言することもあります。

　委員会は選択議定書（OP3、p.35）も監督します。あなたが自分の権利を守るために闘い、国の通常の法的手続きもすべて試して、それでもまだ解決していないのなら、あなたの国がOP3を批准しているかどうか調べてみましょう。もし批准しているなら、委員会に苦情を申し立てることができます。

子どもの権利を主張しよう

批准していない場合は、国連のほかの機構や、あなたの地域の人権条約機関を利用できるかもしれません。それには、アフリカ憲章、欧州人権条約、欧州社会憲章、米州人権条約、米州サンサルバドル議定書などがあります。

しかし、こうした地域的条約機構に属さない国も、OP3を批准していない国もあります。批准を求める抗議活動をあなたが起こしてもいいでしょう。

行動を起こした　若者たち

2019年9月、8〜17歳の気候変動活動家たちが、国連子どもの権利委員会に請願書を提出しました。

活動家たちの名前は以下です。

キアラ・サッチ（アルゼンチン）、カタリーナ・ロレンゾ（ブラジル）、アイリスデュケーナ（フランス）、レイナ・イヴァノヴァ（ドイツ）、リディマ・パンデイ（インド）、リトクネ・カブア、デイビッド・アックリーⅢ、ラントン・アンジーン（マーシャル諸島）、デボラ・アデグボル（ナイジェリア）、カルロス・マニュエル（パラオ）、アヤカ・メリサファ（南アフリカ）、グレタ・トゥーンベリ（スウェーデン）、Raslen Joubal（＊発音不明）（チュニジア）、アレクサンドリア・ヴィラセノール、カール・スミス（米国）。

かれらは、政府の気候危機への取り組みが欠如していると抗議し、申し立てを公式に提出しました。これは画期的なこととなりました。なぜなら、かれらは、国連加盟国が気候危機に取り組まないのは、子どもの権利の侵害だと主張したからです。

そして、気候変動の壊滅的な影響から子どもを守る行動を政府が取るように、委員会から政府に命じるように求めました。かれらは選択議定書（OP3、p.35）をもとに権利を主張しました。

> ぼくたちはみな、地球で楽しくくらす権利をもっている。その権利はみんなで守らなくてはならない。ぼくらの世代は、将来の世代のために、気候変動を防ごうとしているんだ
> 　　　　　　　　　　　（カルロス・マニュエル）

子どもの権利を主張しよう

メンタルヘルスを大切にしよう

　活動家になったり権利を主張したりすると、楽しくて、力がわいてきます。あなたと同じ夢と熱意をもって、世界中の人権を守り、尊重したいと願う仲間と共に行動するのですから。

　でも、抗議活動は、あなたの行動であって、あなたそのものではありません。このふたつを分けておくのはとても重要です。それは、活動家になることには別の側面があるからです。世界をよりよい場所にしようと活動する一方で、最悪な事態も目にするでしょう。自分が何をしているのか、なぜそうするのか、わからなくなるかもしれません。「いったいこの活動にどんな意味があるんだ？」と思うかもしれません。あなたの精神の健康に影響をあたえるかもしれません。

　抗議運動やボランティア活動は大きなストレスになり得ます。ストレスとは、要求や脅威に対して、心や体が起こす反応です。許容範囲を超えるプレッシャーが積み重なると、ストレスになります。プレッシャーは必ずしも悪いことではありません。しかし、長く続くと慢性的になり、あなたの心身の健康状態にマイナスな影響をあたえることがあります。

　しかし、ストレスを感じるからといって、あなたが弱い

というのではありません。まったく正常なことなのです。その兆候と原因に気づいて理解することが、ストレスに対処する助けとなります。活動家に見られるストレスの原因には次のようなものがあります。

- 無理をしすぎて、休むことに罪悪感をもつ。
- 不健全な境界線：自分自身や仲間の心身の健康な状態（ウェルビーイング）を見過ごす。
- 若い活動家は大人が中心の環境で非常にストレスを感じることがある。
- 世界の社会政治や環境問題のニュースを追うことがストレスになることがある。

燃えつき症候群（バーンアウト）

罪悪感をもったり、問題や状況に圧倒されそうになったり、意欲をなくしたり、冷ややかな気持ちになったり、感情がなくなってきたりしたら、**燃えつき症候群**におちいっているのかもしれません。これは、慢性的にストレスのある環境で少しずつ生じる、疲労と現実感喪失の状態です。

不安、パフォーマンスの低下、不眠、引きこもり、注意力障害、ネガティブな思考、人生への不満といった、深刻な結果をもたらすことがあります。専門家は、活動家やボランティアの燃えつき症候群が、社会正義運動の持続の最大の障害のひとつになっているとすら認識しています。長期的には、それが社会変革を遅らせることになるのです。

子どもの権利を主張しよう

249

セルフケアとレジリエンス（回復力）

　セルフケアとは何でしょう？　この世界の現状で、どうすれば闘志と熱意と回復力をもち続けることができるのでしょうか？

セルフケアでできること：

- 自分の体の声に、しっかり耳をかたむけよう。十分な睡眠、運動、栄養のある食事をとり、気持ちがいいと感じることをしよう。
- デジタルからはなれて休もう。現代は、さまざまなデバイスやSNSなどとのつながりを絶つのは困難かもしれないが、自分を充電する日をつくろう。絵を描いたり、歌ったり、本を読んだり、文章を書いたり、ダ

ンスをしたり、友だちをたずねたり、近所の公園に行ったり、何もせずにぼんやりしたり。子どもには「遊ぶ権利、休息する権利」があることを思い出そう。その権利をしっかり使おう。

■ 自分のしていることをほこりに思おう。

■ 自分やコミュニティの仲間のための安全な場所と時間をつくって、たがいのケアをしよう。悩みを話し合ったり、リラックスしたりするよい機会にしよう。

■ 健全な境界線を決めよう。すべてのことにかかわりたいと思うかもしれない。特に緊急な問題であればなおさらそう思うだろうけど、すでに多くの問題を抱えていると感じたり、休みが必要だと感じたりしているなら、NOと言う勇気をもとう。

■ マインドフルネス瞑想を練習しよう。毎日時間をつくってリラックスしよう。

＊マインドフルネス：今現在の自分の身体に注意を向ける瞑想のエクササイズのこと。

子どもの権利を主張しよう

251

4章

役立つ
情報

4

情報と資料

　この本をここまで読んだあなたには、権利についての知識がそなわったことと思います。そこで、権利を使うために必要な知識や情報を、本の最後にまとめました。あなたがこの章を活用してくれることを願っています。

　用語の説明と、情報や支援がもらえる団体や、子どもの権利を守る活動をしている団体を紹介します。

　また、この本を書くにあたって参考にした団体のリスト、そして、私たち著者が、どのようにしてこの本をつくることになったか、その実現のために助けてくれた人たちについても記しました。

語句説明

語句は本文中の太字を最初から順番にあげています。
（　）内は、本文中に出てくる主なページです。

法的拘束力：条約（または契約）の調印者がそれを守ることが、法律によって拘束されていること。(p.6)

子どもの権利：生まれたときから成人になるまで、すべての子どもがもつ人権。(p.10)

成人年齢：法的に大人になる年齢で、大人としての権利や責任を負うようになる。(p.10)

条約：2つ以上の国の間で交わされる正式な国際条約。(p.10)

脳や神経の多様性（ニューロダイバース）：人間の脳や神経の発達は多様で、情報の処理の仕方などがさまざまだということ。たとえば、発達障害とも言われる自閉症スペクトラム、読み書き障害（ディスレクシア）、統合運動障害、双極性障害などの人は、ニューロダイバースの場合があり、通常、社会生活において障害に直面する。(p.11)

脳や神経の定型的発達（ニューロティピカル）：脳の機能や情報処理力が社会から期待されるのと同じであること。(p.11)

不可侵：人権の不可侵とは、だれにも人権を侵されないということ。(p.11)

人権：平等、自由、尊厳、正義といった価値に根ざした国際法。すべての人を弾圧や力による虐待から守るために決められたもの。(p.12)

255

連帯：ちがいにかかわらず、人びととつながり支え合い、人間性を共有すること。(p.12)

国連子どもの権利委員会：18人の独立した、子どもの権利の専門家で構成された委員会で、条約締約国の政府が子どもの権利をどのように守っているかを定期的に監視・助言をしている。(p.13)

弾圧：支配者が権力を行使して反対勢力などの人びとや集団を、冷酷に不当な力でおさえつけること。(p.14)

憲章：ある組織の働きを定義して、規則を決める正式な書類。または、ある組織から、ほかの組織に権利をあたえるという法的な契約。(p.15)

ホロコースト：第二次世界大戦中の、ナチスによる計画的な600万人のユダヤ人やそのほかのマイノリティの殺戮。(p.20)

ジェノサイド：ある国や民族や人種や宗教グループの人びとを、計画的に大量に殺害すること。(p.20)

強制収容所：裁判を受けることなく収容される場所で、残酷で非人道的で品位を傷つけるようなあつかいを受ける。第二次世界大戦中、ナチスが征服したヨーロッパでは強制収容所が連携して、ユダヤ人やそのほかの人びとが大量殺害されたり、奴隷として働かされたりした。(p.20)

反ユダヤ主義：ユダヤ人に対する偏見や憎悪。(p.20)

差別：たとえば、人種、性別、性自認、宗教、文化、性的指向、障害、貧困などを理由に、人を不当にあつかうこと。(p.20)

256

国際連合（国連、UN）： 第二次世界大戦が終わった1945年に結成された国際的な組織。世界の平和、繁栄、人権を守るために世界各国が協力することを目標としている。（p.21）

子どもの権利条約： 児童の権利に関する条約。世界中のすべての子どもの市民的、政治的、経済的、社会的、文化的な権利を定めた、法的拘束力のある国際条約。（p.24）

先住民族： その土地や地域にもとから住んでいた人びとで、現在の主流社会や文化とは異なる慣行や伝統をもつ。（p.25）

条： 条項。条約の中の項目。子どもの権利条約は54条から成り、子どもの権利、政府に対する規則、子どもの権利委員会の手続きが明確に述べられている。（p.26）

進化する能力： 子どもは責任を負えるようになるにつれて自律性が少しずつ備わる。子どもが向上し成長する度合いを「向上的収容量（キャパシティ）」と呼び、子どもが置かれた環境、文化、体験、能力によって異なる。（p.27）

直接組み入れ／国内への組み入れ： 子どもの権利条約を政府が自国の法律に組み入れることによって、子どもの権利を守ること。（p.28）

留保： 政府が条約を批准する際に、条約の中のひとつかそれ以上の条項を守ることができないかもしれないと宣言すること。条約の権利全体を守ることができない場合に取る方法。（p.28）

スケープゴーティング： 社会問題の原因を不当に人びとやグループのせいにすること。多くの場合、本当の原因から目をそらすために行われる。（p.31）

語句説明と役立つ情報

257

選択議定書：既存の主に人権条約を補ったり付け加えたりする条約。（p.34）

批准：条約に法的に拘束されることを国家として同意すること。（p.34）

気候の危機：気候変動と地球温暖化によって引き起こされた深刻な環境問題。主にエネルギー源や交通機関に使用される化石燃料、森林の伐採、劣悪な農法など、人為的に起こされた問題で、そのもたらす影響には、海面上昇、サンゴ礁の死滅、多くの野生生物の絶滅、自然災害、異常気象、食料や水の不足、経済の混乱、争い、テロ行為などがある。（p.43）

民族性：言語や宗教などのように、ある集団に受け継がれている共通の文化。（p.56）

カースト：ある階層に特典をあたえ、ある階層を差別する世襲の社会的階層。（p.56）

白人至上主義：白いはだの人間は優れていて、褐色や黒いはだの人の上に立つべきだという信念にもとづいた人種差別的な思想で、個人や集団のとる態度にとどまらず、白人優位を支えるための体制や組織の構造にまでおよんでいる。（p.56）

有色人種：黒人など、有色人と自認あるいは認識される人びとで、主に白人が多数派の環境で使われる言葉。（p.56）

ジェンダーにもとづく暴力：社会からあてがわれた性差のせいで人に傷つけられること。性的暴力、パートナー間の暴力（ドメスティックバイオレンス、DVともいう）、強制結婚、児童婚、女性器切除などもふくまれる。（p.57）

ジェンダーステレオタイプ：男子や男性が優位に立つように奨励するような根強い基準のこと。男女問わずすべての人の考え方や選択を規制し、人生を制限してしまう。(p.57)

同性愛への嫌悪：同性愛の人たちを差別的に嫌うことで、ホモフォビアともいう。(p.58)

トランスジェンダーへの嫌悪：トランスジェンダーやノンバイナリーの人たちを差別的に嫌うことで、トランスフォビアともいう。(p.58)

LGBTI：レズビアン、ゲイ、バイセクシュアル、トランスジェンダー、インターセックス（身体的にどちらの性かあいまいな状態）の頭文字をとり、性的マイノリティの人たちを指す。(p.58)

性自認(*)：自分で認識している自分の性。男性、女性以外のどちらでもないこともある。また、一生同じではなく、変わる場合もある。(p.60)

性別違和感：社会からあてがわれた性と、自認する性が同じでないことによって起きる精神的苦痛。(p.60)

ノンバイナリー・ジェンダー：自分を男性とも女性とも認識しない、あるいは認識したくない人を指す言葉。バイナリーとは「二つの部分、二元性」という意味。(p.60)

ジェンダー・バイナリー：ジェンダーには男性と女性の２つしかないという考え方。(p.60)

語句説明と役立つ情報

生理の貧困：生理用品が買えないことや、生理用品を使う衛生的で安全な施設がないことを指し、多くの女性の教育や権利をさまたげる問題。（p.65）

ヘイトクライム：障害、人種、宗教、性的指向、性自認などにもとづく偏見や憎悪が動機となって、他者に犯罪的行為（いやがらせ、脅迫、暴行等）を行うこと。（p.68）

反人種差別運動：人種的平等と人種間の平等なあつかいを擁護し、人種差別主義と闘う行動。（p.75）

強制労働：意思に反して働かされたり、簡単ににげられないような脅しや罰のもとで働かされたりすること。（p.77）

国連の世界持続可能な開発目標（SDGs）：地球を守りながら繁栄できるようにするための、国連による17項目の行動の呼びかけ。（p.78）

難民：自国に留まると深刻な人権侵害や迫害を受ける危険があるため、自国を去った人。難民には国際社会から守られる権利がある。（p.80）

外国人嫌悪：国籍による差別で、たとえば難民や外国人に対する差別もふくまれる。（p.83）

庇護希望者：訴迫や深刻な人権侵害によって自分の国をはなれた人で、まだ法的に難民と認められていない人。他国において難民認定の決定を待っている。庇護希望は人権のひとつだ。（p.84）

国内避難民：暴力や紛争によって家から追い出され、その国の別の場所に留まっている人たち。（p.84）

移民：安全でよりよい将来のために家を出て、主に他国や、自国の新しい場所に行く人たち。自国を出た移民の多くは法的には難民にあたらないが、自国に戻るのが危険な場合もある。迫害が原因でない場合の移民も、すべての人権を有している。(p.84)

拷問：他人に、違法な方法で精神的や肉体的な激しい苦痛をあたえること。(p.89)

児童労働(*)：義務教育を受けるべき年齢の子どもが、教育を受けずに大人と同じように働くこと。また18歳未満の子どもがさせられる危険で有害な労働。(p.90)

奴隷制：多くの場合、経済的な利益のために、他者を自分の所有物としてあつかい、搾取する制度。(p.92)

借金による束縛：子どもが自分や家族の借金を返済するために無理やり働かされる児童労働の一種。(p.92)

人身売買：人を、性的搾取、児童労働、強制結婚などの目的で売買する、現代の奴隷制度。世界的な犯罪として行われている。(p.92)

女性器切除：カッティング、FGMとも呼ばれる。女性の外性器の一部あるいは全体を切除したり傷つけたりする暴力的処置で、女子や女性に性的な感覚や、性的な悦楽を感じる力を抑制したりなくさせたりすることが目的で行われる。(p.96)

同意：性的な同意とは、相手との性的な行為に参加したいかどうか、明確なコミュニケーションが取れ、それを相手に真剣に受けとめられること。互いの境界を認識し、尊重されることがふくまれる。(p.97)

性的指向 (＊)：性的・感情的な関心が、どの性別の人に向かうのかを示す。(p.97)

人道に対する罪：民間人に対して、計画的で広域で組織的な攻撃の一環として行われる殺人、レイプ、迫害、そのほかの非人道的行為のこと。(p.99)

強制的な児童婚：18歳未満の子どもに婚姻を強制することで、少女がずっと年上の男性と結婚させられることが多い。一種の性暴力であり、単に児童婚とも呼ぶ。(p.101)

市民社会：シビルソサエティ。共通の興味や目標に向かって集団で行動をする市民によるゆるやかな領域。チャリティー、NGO、地域社会のグループ、女性の団体、宗教団体、労働組合といったタイプのグループなどをふくむ。(p.104)

包括的性教育（CSE）：性や生殖などにとどまらず、ジェンダー平等や性の多様性、自己決定権などをふくむ人権尊重を基本とした性教育のこと。科学的に正確で、現実的で、年齢に合った性教育。(p.105)

徴兵（制度）：国が憲法や法律で、国民に兵役に服する義務を課すこと。(p.117)

自由のはく奪：逮捕や拘束、そして刑務所や施設や入国者収容所や管理された場所などに監禁し、自由をうばうこと。(p.123)

体罰：平手打ちなど、肉体的な苦痛や不快感をあたえることを目的とした罰。(p.123)

心的外傷後ストレス障害（PTSD）：非常に大きなストレスや恐怖、悲惨な出来事などによって引き起こされる不安障害。（p.124）

監視：人びとの同意や認識なしに、会話や行動を見張ること。（p.132）

トラウマ・ボンディング（外傷的きずな）：被害者と虐待者の間に生じる、きわめて強力かつ不健全な感情的きずな。（p.133）

ネットいじめ：インターネット上におけるいじめやいやがらせ。携帯電話やタブレットを使ったものもふくむ。（p.134）

加害者：虐待や権利の侵害を行う個人、組織、政府、非国家主体（武装集団、市民社会、宗教集団、企業）など。（p.134）

マイノリティ・グループ：民族、人種、言語、宗教などが、その国の優位なグループと異なるグループ。（p.138）

植民地主義：強国が政治的や経済的な利益のために、よその国に植民地や居留地を築いて植民地化すること。帝国主義（領地拡張主義）によるもの。（p.141）

主体性：自分で行動を起こしたり、自分のための選択をしたりする能力。（p.157）

検閲：権力をもつ者が容認できないと考える言葉、画像、思想、メディアなどをコントロール、禁止、弾圧すること。（p.172）

語句説明と役立つ情報

特権：特定の社会集団に属していたり、特定のジェンダー、人種といったアイデンティティをもっていたりすることから生じる権利。(p.186)

帝国主義：軍隊やそのほかの方法で、他国や他領土に影響をおよぼしたり占領したりするような国の政策。帝国主義は植民地主義へとつながる考え方だ。(p.192)

活動：自分や他人や社会にとって重要なことを、よりよく変えようとして起こす行動のこと。(p.198)

デモンストレーション：複数の人たちが計画して場所と時間を決め、特定の問題について人びとに訴えたり、注意を引く行動をとったりすること。(p.206)

デモ行進：人びとが集まって前もって決めた道筋を歩き、平和的な抗議の権利を行使する、デモンストレーションのひとつ。(p.206)

ロビー活動：ロビイング。個人や団体が、政治家や政府の政策に影響をあたえようとして行う活動のこと。(p.206)

有権者：通常、民主主義体制の国で、政治家を選ぶ選挙の時に投票する権利のある人。(p.211)

非暴力直接行動：物理的、あるいは個人的な損害をあたえる暴力を使わずに、直接的な行動をとって抗議する方法。(p.220)

オンブズパーソン：苦情について調査し、公平な仲裁者として争いごとを解決する機関、あるいは人。この制度は一部の国にしかない。(p.242)

一般的意見（ジェネラルコメント）：国連の人権に関する委員会が条約を批准した国の政府をモニタリングして提出する書類で、政府を指導するもの。問題があれば明確にし、それを解釈するだけでなく、違反の可能性がある場合はそれを指摘し、その政府が条約に定められた義務を果たすためのアドバイスをあたえることもある。(p.245)

燃えつき症候群（バーンアウト）：慢性的にストレスのある環境で、疲れ切って意欲や熱意がまるで燃えつきたように無くなり、（周囲から）切りはなされたような気分になる状態。(p.249)

役立つ団体

　子どもの権利を守るために働いているNGO（非政府団体）やNPO（非営利団体）はたくさんあります。自分にとってよい団体を見つけるには、まずあなたが何を必要としているのか考えてみましょう。あなたの必要としているのは、専門家のアドバイスですか？　それとも、あなたの秘密を守ってくれる人に話を聞いてもらいたいのですか？　信頼できる情報を探したいのですか？　安全で効果的な方法でほかの人たちとつながりたいのですか？

　ここに挙げた団体はほんの一部なので、ここを出発点にほかも探してみてください。あなたの国に子どもの権利を守る委員会があるかも調べてみましょう。でも注意が必要です。疑わしい団体もあるからです。判断がつかなかったら信頼できる人に聞いてみるのもよいでしょう。

国際的な組織

あなたの国に支部があるかもしれません。

■ **UNICEF**
　子どもの権利を守り人道的な支援をしています。

■ **UNHCR (United Nations High Commissioner for Refugees)**
　国連難民高等弁務官事務所。難民や、強制的に立ち退かされたコミュニティや、国をもたない人びとや子どもを支援します。

266

■ UN Women
国連の組織で、ジェンダー平等と女性と少女のエンパワメントのために活動しています。

■ Save the Children
子どもの権利が実現された世界を目指し、緊急・人道支援や保健・栄養、教育などの分野で活動しています。

■ Child Rights Connect
80以上の団体からなる世界的なネットワークです。各国の子どもの権利を守る活動をしている人たちが、国連の人権制度に影響をあたえたり、制度を利用したりするよう促す作業もしています。

■ Consortium for Street Children
ストリートチルドレン（＊都市の路頭で生活している子ども）のために声を上げる世界的なネットワーク。

■ End Violence Against Children
世界中の子どもが暴力を恐れることなく安全に育つような世界をつくるために、多くの団体と活動するパートナーシップ。

■ ATD Fourth World International
ひどい貧困を終わらせることに焦点をあてた活動をしています。

■ Child Fund Alliance
暴力と搾取、そして貧困をなくすための活動をしています。

■ Defence for Children International
刑事司法の専門知識をもった、国際的な子どもの人権運動をけん引する団体。

■ Kids Rights
すべての子どもが権利を主張できるように活動する。変革を起こそうとする子どもを支え、子どもの声を上げる権利を守っています。

■ Malala Fund
少女たちの声を広め、すべての少女が安全で質の高い無料の教育を受けられるように活動しています。

語句説明と役立つ情報

267

- **Plan International**

  子どもの権利とジェンダー平等を支える団体。

- **Restless Development**

  変化を起こそうとする若い人たちのメンターとなって、育成したり、若者同士をつないだりしています。

- **Rights to Play**

  子どもたちに遊びを通して保護、教育、励ましをあたえています。

- **Terre des Hommes**

  戦争、自然災害、そのほかの苦しい状況にある子どもたちを支えます。

- **Theirworld**

  教育とスキル開発に焦点を当てた活動をします。

日本の団体と情報サイト

- **公益社団法人 セーブ・ザ・チルドレン・ジャパン**
  https://www.savechildren.or.jp/
- **認定NPO法人 フリー・ザ・チルドレン・ジャパン**
  https://ftcj.org/
- **認定NPO法人 国際子ども権利センター（シーライツ）**
  http://www.c-rights.org/
- **認定NPO法人 難民支援協会**
  https://www.refugee.or.jp/
- **広げよう！ 子どもの権利条約キャンペーン**
  https://crc-campaignjapan.org/
- **ARC 平野裕二の子どもの権利・国際情報サイト**
  https://w.atwiki.jp/childrights/

出典

　本書には、下記の団体が集めて出版した情報がふくまれています。これらの団体ではウェブサイトで役立つ情報を提供しています。

- Action Aid
- Amnesty International
- Children's Rights Alliance for England
- Child Rights Now
- Defence for Children International
- Earth Justice
- Equality and Human Rights Commission (UK)
- Food Foundation
- Girls Not Brides
- Global Citizen
- Human Rights First
- Human Rights Watch
- Internal Displacement Monitoring Centre
- International Labour Organisation
- KidsRights
- Minority Rights Group
- National Center for Biotechnology Information(US)
- Office of the High Commissioner for Human Rights, United Nations
- The Open University Children's Research Centre
- Pulitzer Center
- Save the Children
- Small Arms Survey
- Tech Against Trafficking
- UNESCO, United Nations Educational, Scientific and Cultural Organisation
- UNHCR, United Nations High Commissioner for Refugees
- UNICEF, United Nations Children's Fund
- World Bank Identification for Development (ID4D)
- World Health Organisation
- World Organisation Against Torture (OMCT)
- Young People Today

語句説明と役立つ情報

謝辞

この本がどのようにして
つくられたか

　この本はたくさんの人の協力があってできあがりました。始まりは、国連難民高等弁務官事務所（UNHCR）の特使だったアンジェリーナ・ジョリーと、アムネスティ・インターナショナルとの会話でした。その内容は、現在、多くの子どもたちが自分たちの権利に気づいておらず、その状況が変わらないかぎり、子どもたちの権利は侵害されやすいということでした。

　そこで、私たちは本をつくることにしたのです。文字に書いておけば、その力は長く続くものです。

　私たちの目標は、だれであってもどこに住んでいても、すべての子どもが自分の権利を知って、それを使えるようにすることでした。

　開始の時から、Arminka Helićと Chloe Daltonが支えてくれました。かれらはこの本にとって重要な友であり、その明晰な思考、コミットメント、誠実さに心から感謝しています。

　また、ジェラルディーン・ヴァン＝ビューレン教授が加わってくれました。彼女は子どもの権利の専門家で、アムネスティの代表として国連子どもの権利条約の初めの草稿を手がけたひとりです。私たちはどんなふうに本をつくっていくかを考え始めました。

　子どもや若者に参加してもらい、かれらの話を真剣に聴く必要があることは明らかでした。多くの協力者に出会えてとても感謝しています。

幼少時代にホロコーストを生き延びたMala Tribichさんのやさしさと知恵、そして私たちにあたえてくれたインスピレーションに感謝します。

　Dr. Liz Chamberlain、Dr. Trevor Collins 、そしてオープン大学の子どもリサーチセンターから、貴重な継続的サポートを受けました。この本に加えるべきことについてイギリスでいち早く調査をして、子どもたちの考えや懸念を集めてくれました。その調査には114人の子どもたちと若者が直接参加し、学校における子どもが主体となった調査プロジェクトでは、100人の子どもたちが間接的に参加しました。それぞれのプロジェクト・グループは、地方、都会、郊外、貧しい地域、少数民族、学習困難地域、社会的弱者の集まる地域、児童施設など、多様性に富んでいました。

　オープン大学は、この調査にもとづいてRepresenting children's rights form discussion through to illustration and interpretationと題した報告書を作成しました。これが、私たちの本の概要を決めるのに役立ちました。リサーチに参加してくれた次の方々、ありがとうございました。

　Rose Lloyd と Bridges Childcareの子どもたち／Louise Perry とインクルーシブ劇場Chickenshedの若者たち／Jill McLachlanとGainford Primary Schoolの生徒たち／Vickie Jones と Newlands Primary Schoolの子どもたち／Manya Benensonと Nottingham Playhouseの若者たち／National Youth Advocacy Service（NYAS）と Bright Sparks group による社会的擁護経験者の若者たち／Observatory on Human Rights of Childrenと Lleisiau Bach-Little Voices のHelen DaleならびにBlaenavon Heritage VC Primary

Schoolの子どもたち／Jessica FermorとSeal Primary School
の子どもたち／Travelling Ahead ProjectとWrexham
Traveller Education Serviceの協力を通じてSt Joseph's
Catholic & Anglican High SchoolとYsgol Rhiwabon高校の
Martin Gallagher、Rhian Parry、Charlotte, Grant, Mick,
Myomi, Paris, Tomの皆さん／そしてUNICEF UKの Rights
Respecting Schoolsプログラム・ディレクターFrancesBestley。

　それから私たちは世界に目を向け、70か国以上のアムネスティの事務所に呼びかけました。アムネスティのAmnesty's
Youth Power Action Networkに、本の構成についての意見を
求めました。ブルキナファソ、ドイツ、香港、アイルランド、
ナイジェリア、アメリカ合衆国の若者たちが、時間をさいて意
見を送ってくれました。かれらの意見についてじっくり考え、
本の構成を修正しました。初稿ができると、世界各国の若者や
子どもの活動家たちに送りました。
　また、アムネスティの、法律、調査、広報、活動、教育など
さまざまな分野の人権の専門家にも送りました。だれもが真剣
に取り組んで意見をくれたので、そのすべてを考慮して修正を
加えていきました。

Amnesty's Youth Power Action Networkの Casey Dai,
Sorcha Kebbe, Miriam Tams と Svenja Wend, Kévine Marie
Linda Traore, Tiffany Tse, Zulu Anyaogu / Children's
Human Rights Network　の Vinuki Bakmeedeniya, Michael
Quinn, Katherine Waltonに大変感謝しています。
　この本の核となったすばらしい活動家の皆さん、あなたたち

272

の物語を快く掲載する許可をくださって、本当にありがとう。本にもっとスペースがあって、掲載しても危険がなければ、もっと載せたいすばらしい活動がたくさんありました。しかし、ある国や地域の若い人たちを守ることには常に注意が必要です。

アムネスティの運動を世界中で行っている仲間たちにも感謝しています。Nathaniel Baverstock, Dora Castillo, Nicky Parker, Bina Patel, Augusta Quiney, Kate Allen, Clare Bullen, Richard Burton, Iain Byrne, Louise Carmody, May Carolan, Mayda Chan, Chris Chapman, Vongai Chikwanda, Ana Collins, Sara Vida Coumans, Ernest Coverson, Simon Crowther, Oliver Feeley-Sprague, Niki Frencken, Katherine Gerson, Sheila Goncalvez, Saad Hammadi, Saleh Higazi, Tale Longva, Tom Mackey, Jaskiran Kaur Marway, Kerry Moscogiuri, Nicole Millar, Tatiana Movshevich, Cecilia Oluwafisayo Aransiola, Colm O'Gorman, Jess Owen, Kharunya Paramaguru, Katy Pownall, Melody Ross, Merybell Reynoso, Thomas Schulz-Jagow, Renata de Souza, Krittika Vishwanath, Matt Vogel, Jennifer Wells.

著作権代理人のCurtis Brown社のStephanie Thwaitesはこの本を世に産み出してくれました。版元となったANDERSEN PRESSの理念と献身にも感謝しています。あなたたち以上の出版のパートナーはいませんでした。

ANDERSEN PRESSのMary Berry, Paul Black, Kate Grove, Mark Hendle, Sarah Kimmelman, Jack Noel, Chloe Sackur, Charlie Sheppard, Liz Whiteさんありがとう。そして疲れを知らぬKlaus Fluggeさん、あなた自身も戦

争を生き抜いた元難民で、アムネスティの長年の友人です。Sue Cookさんのすぐれた編集力にも感謝しています。

　平等、多様性、インクルーシブへの強いアプローチを保つようアドバイスしてくれたMel Larsenさん、ありがとう。

　国際的な心理学者Dr. Anjhula Mya Singh Baisは、本書の困難な問題をどう乗り越えるか、時間を割いて専門的なアドバイスをくださいました。

　最後に、人権を守るために勇敢な努力をしている世界中の子どもと若者の皆さん、ありがとう。そして、この本を読んで、活動に参加しようと思ってくれるあなたにも感謝します。

アムネスティ・インターナショナルは、博愛と人権のためのグローバルな運動体で、世界中の1,000万人以上の人びとが参加しています。私たちの目的は、正義、公平さ、自由、真実が否定されるあらゆる場所で、人びとを守ることです。私たちは、いかなる政府、政治理念、経済的利益、宗教からも独立した団体です。

主に会員と一般からの寄付によって運営されています。私たちは、若い人の生活にもっとも関係のある問題に、若い人たちとともに、そして若い人たちのために取り組んでいます。

あなたもアムネスティに参加したり、アムネスティ若者グループをつくったりできますよ。

写真クレジット

p.10 女性への暴力を終わらせるための女性によるストライキ。メキシコシティ。2018年3月
©Itzel Plascencia López/Amnesty International Mexico

p.12 つないだ手 ©Pexels

p.16 2019年3月の国際女性デーを記念して、パキスタンのラホールの街頭に集まった何千人もの
女性たち。©Ema Anis/Amnesty International

p.26 ギリシャのテッサロニキの湾岸地域の仮設難民キャンプで自転車に乗る少年。2016年7月
©RichardBurton/Amnesty International

p.27 ジャマイカのキングストンのレストランのキッチンでオーナーのナキア・ジャクソンが警察に
銃殺された。ジャクソンの人生を讃える壁絵を子どもたちが描いている。2017年8月
©Richard Burton/Amnesty International

p.30 ウガンダ首都カンパラでデモ行進をする生徒たち。政治家に地球のさらなる温暖化を至急防ぐ
よう要求している。2019年5月 ©Amnesty International

p.49 ワシントンDCのライスナー・オーディトリアムにてアムネスティ・インターナショナル「良
心の大使賞」を授与される前にスピーチをするグレタ・トゥーンベリ。2019年9月 ©Andy
DelGiudice/Amnesty International

p.59 ブラジル、リオデジャネイロでのLGBTIのデモより。2014年6月 ©AF Rodrigues

p.63 ズライカ・パテル ©Reabetswe Mabilo

p.68 前列左から：障害のある活動家のケインとジェイミ。後列左から2人目：ジェイミー。後列の
一番右：エイミー ©Celine Smyth, Swansea University

p.86 左から：アグネサ・ムルセラージ、アマル・アズディン、ローザ・サリー ©PA Images/
Alamy Stock Photo

p.95 モーゼス・アカトゥバ ©Miikka Pirinen/Amnesty Finland

p.106 ニコル・デラ・クルズ ©Amnesty International

p.108 左から：マクリン・アキニ・オンヤンゴ、ステイシー・ディナ・アディアモボ、シンシア・
アウオー・オティエノ、ピュリティ・クリスティン・アチング、アイヴィ・アキニ

p.115 左から：ジャネイヤ・アルフレッド、ゲイブリエル・カイザー

p.128 マガイ・マティオプ・ンゴング ©Amnesty International

p.144 ワシントンDCのライスナー・オーディトリアムのアムネスティ・インターナショナル「良心
の大使賞」でスピーチをするトカタ・アイアン・アイズ、2019年9月 ©Andy DelGiudice/
Amnesty International

p.146 ドゥワン・フーサン ©Jonny Rowden

p.154 アイルランド、ダブリンにおける2013年アムネスティ・インターナショナル「良心の大使賞」
祝賀会のマララ・ユサフザイ。©Joao Pina/MAPS Images

p.162 腕を上げるサイード ©Right To Play

p.167 ズラタ・フィリポヴィッチ ©Dragana Jurisic

p.175 アニー・アルフレッド ©LAWILINK/Amnesty International

p.177 上の写真、左から：アンドレ・オリヴェイラ、ソフィエ・オリヴェイラ©Nuno Gaspar
Oliveira 下の写真、左から：クロ―ディア・ドゥアルテ、マーティム・ドゥアルテ、カタリナ・
モタ ©André Mota

p.180 失踪したアヨツィナパ師範学校の学生たちを支援するメキシコシティのデモ行進。2014年10
月 ©Alonso Garibay/Amnesty International Mexico

p.187 2020年1月24日にスイスのダボスで開かれた記者会見に臨む環境活動家たち。左から、ヴァ
ネッサ・ナカテ、ルイザ・ノイバー、グレタ・トゥーンベリ、イザベル・アクセルソン、ル
キナ・ティール。当初この写真からヴァネッサ・ナカテが削除されていたことが、多様性と
抹消についての国際的な議論を引き起こした。©MarkusSchreiber/AP/Shutterstock

276

p.199 アムステルダムで開催されたWrite for Rights（人権のために手紙を書こう）イベントに参加するオランダ・アムネスティの会員と支援者たち。2020年12月 © Karen Veldkamp

p.203 ギリシャ、レスボス島での抗議活動の準備をするアムネスティ・インターナショナルの活動家たち。2017年7月 ©Giorgos Moutafis/Amnesty International

p.205 南アフリカ先住民の土地所有権の活動家ノンスレイ・ブトゥマを支援する、学校で開かれたWrite for Rightsのイベント。2018年12月 ©Amnesty International South Africa

p.208 気候正義を求める運動Fridays for Futureのフィリピンの活動家たち。2019年5月 ©Nichol Francis Anduyan

p.214 フィンランドのトランス法令の改革を求める世界中から集まった嘆願書を国務長官パウラ・レヘトマキに手渡す、トランス活動家のサクリス・クプラ。2017年3月 ©Tomi Asikainen/Amnesty International

p.221 女性への暴力を終わらせるための女性によるストライキ。メキシコシティ。2018年3月 ©Itzel Plascencia López/Amnesty International Mexico

p.222 アムネスティ・インターナショナル・ベナンにおける手紙を書こうイベント。アムネスティ恒例のWrite for Rightsキャンペーンの一環として開かれた。2020年12月©Amnesty International

p.224 ウクライナ、キーウの女性たちのデモ行進。2020年3月 ©Amnesty International Ukraine

p.229 カナダ、トロントの先住民保留地グラッシー・ナロウズのデモに参加した40人以上のコミュニティ代表者。2019年6月 ©Allan Lissner

p.231 ワルシャワで中絶法規制に関する裁判所の判決に反対するデモで、ポーランドの与党、法と正義（PIS）のヤロスワフ・カチンスキ党首の自宅前のデモ隊に対峙する機動隊。2020年10月 ©Grzegorz Żukowski

p.241 エジプト大統領ファッターフ・アッ＝シーシとドイツのアンゲラ・メルケル首相のベルリンでの会合に抗議するアムネスティ・ドイツの活動家たち。2018年10月 ©Henning Schacht/Amnesty International

p.243 マリネル・ウバルド ©Eloisa Lopez/Amnesty International

p.247 気候変動活動家。左から：ラントン・アンジーン、リトクネ・カブア、デイビッド・アックリーⅢ、カルロス・マニュエル、カール・スミス

p.250 台北のリバーサイド公園の壁に劉暁波氏（Liu Xiaobo）と劉霞氏（Liu Xia）の絵を貼るアムネスティ台湾の活動家たち。2017年7月 ©Amnesty International Taiwan

　上記以外の活動家の写真は本人の許可を得て掲載しています。本書で紹介した個人からの許諾と同意を得る最大の努力をしています。全ての情報は本書刊行時(＊イギリス版)に各専門家によって確認されていますが、その後状況やデータが変更したものもあるかもしれません。

著者

アムネスティ・インターナショナル（Amnesty International）
1961年に発足した世界最大の国際人権NGO。人権侵害のない世界を目指した活動は世界中に広がっており、1,000万人以上が参加している。1977年にノーベル平和賞、1978年に国連人権賞を受賞している。

アンジェリーナ・ジョリー（Angelina Jolie）
俳優、映画プロデューサー。2001年から2022年まで国連難民高等弁務官事務所の親善大使、2012年には特使に任命され、活発な人道支援活動を行なう。2003年に国連特派員協会賞、2005年にグローバル人道賞などを受賞。

ジェラルディーン・ヴァン＝ビューレン（Geraldine Van Bueren）
弁護士、ロンドン大学教授（国際人権法）、オックスフォード大学客員研究員。国連子どもの権利条約の起草者のひとり。アムネスティ・インターナショナルやセーブ・ザ・チルドレンなどのNGOのほか、国連やユネスコでも活動している。2003年に児童権利弁護士賞を受賞。

訳

上田 勢子（うえだ せいこ）
1979年より米国カリフォルニア州在住。訳書に『ほん book』『レッドあかくてあおいクレヨンのはなし』『4歳からの性教育の絵本　コウノトリはこんだんじゃないよ！』（子どもの未来社）、『わたしらしく、LGBTQ』全4巻（大月書店）などがある。

協　　　力：アムネスティ・インターナショナル日本
デザイン：ヒロ工房
編　　　集：子どもの未来社編集部

あなたの権利を知って使おう　子どもの権利ガイド

2024年9月30日第1刷印刷
2024年9月30日第1刷発行

著	アムネスティ・インターナショナル アンジェリーナ・ジョリー ジェラルディーン・ヴァン＝ビューレン
訳	上田勢子
発行者	奥川 隆
発行所	子どもの未来社 〒 101-0052 東京都千代田区神田小川町3-28-7-602 TEL 03-3830-0027　FAX 03-3830-0028 E-mail : co-mirai@f8.dion.ne.jp http://comirai.shop12.makeshop.jp/
振　替	00150-1-553485
印刷・製本	株式会社 精興社

©2024　UYEDA Seiko　Printed in Japan
ISBN978-4-86412-429-4
C 8037　NDC370　280頁　19.8cm×12.9cm

＊乱丁・落丁の際はお取り替えいたします。
＊本書の全部または一部の無断での複写（コピー）・複製・転訳載および磁気または光記録媒体への入力等を禁じます。
＊複写を希望される場合は、小社著作権管理部にご連絡ください。